Levente no.
Yolayorkdominicanyork

Levente no.Yolayorkdominicanyork

Josefina Báez

Levente no.Yolayorkdominicanyork
Dominicans in New York. Dominican diaspora.
Dominicans. Women, migration, living and
loving.
text © Josefina Baez
Photo © Francis Mateo
2012

I Om Be Press   a Yo project Ay ombe Theatre
P.O. Box 1387 Madison Square Station
NY NY 10159

ISBN# 978-1-882161-11-9

A mis constantes

Levente no.Yolayorkdominicanyork.

Si este libro se….como suele suceder.
Le….
No es de oro ni de plata ni tan poco de papel…

Realismo panfletario.
Saga simplista.
Texto ratatá. Novela en Dominicanish.
Microrelatos del macro cosmo que es el Ni e'.
Bucle interminable.
Eros con un pa'cá y un pa'llá,
buscando lo que no se le ha perdido.
Una isla-pueblo-barrio-mundo-edificio.
Película diaria.
Documental de todos los días.
Donde si ves algo no se dice algo.
Se dice de más.
Aquí es Manhattan. Allá, Erre De.
Tú, yo o alguien a quien conocemos.
Dominican@ o no.

Ay Ombe   Serie Panfleto

"San Juan con corpo, San Juan con corpo"
(frase popular de antaño en reconocimiento de
algo o alguien especial/atrevido/extracotidiano;
invocación de protección al ver algo fuera de lo
comun).

Personajes: Narrador-Ella-Madrina-Mamá-
Pueblo(s)

 Narrador:
Hasta el lando/el landlord ese,
el judío ese, llamaba al edificio
la "Isla de Mujeres".
Este continente de las mujeres
de islas. Pero ya hace 16 meses
de la boda de Kay.
Hoy, ella, su esposo Gabriel Pierre-Lui
Bien aimee Alcántara (el cocolo) y la comitiva
del edificio (18 mujeres que estuvieron
presentes en el parto) están casi por llegar con
Gabrielito.
Pusimos un cruza-calles con lo
que una vez dijeron allá:
"El hombre viene".
Aquí, el hombre llegó.

Anteayer fue el baby shower.
Mira, mira, mira todavía el reguero.

¿Qué la Kay le dio agua a' bebé

a esa mai? E' verdad .
Pero dichosa ella que tiene y puede
contar su historia. Como ella dice:
"My foqueteo stories, la jangueadera,
los varones. A mi mátenme con mis
dominicanasos. Pero que el relajo
sea con orden".

Quizás se llama Jahaira, Jessica, Yesenia,
Jennifer, Isha, Aisha, Ashley, Michelle,
Chantelle, Tiffany, Stephanie, Melody, Nicole,
Destiny, Ambar. Katiuska, Ninoska, Veruska. O
Yaneris, Yuleidys, Yubelkis, Orlidy, Isawil,
Marnel. Phoebe, Chloe or Zoe.
Uno de esos nombres de las niñas de la
migración.
Lo que sí sabemos es que es 1ra generación.
High school? GED.
Con 27 años de edad
Cumplidos   vividos
viviendo   viviendo
27 pa'50.

Siempre aqui suena una sirena.

Ella:

¡Whatever!
But in terms of my name...
none of the above 'mija.
I am pure history. Mira. Seat.
Seat and listen.

My name is Quisqueya Amada
Taína Anaisa Altagracia Indiga.
You can call me Kay.
El cocolo, mi timacle, calls me
chula. He calls me Chula and his
derriengue. And the rest Gorda.
They call me La Gorda.

Since I got my working papers,
I have been working as a cashier
in supermarkets. Los boses son
Dominicanos también. Creen que están allá.
Miseriosos y mandones. Si me descuido
también me lo meten.
But I am the only American USA-usa born. And
the only one who knows English in this place.
So vendors and inspectors must talk to me,
instead of the owner or his coge -cupones mi-
no -inglis wife.

Chiquita, gorda, mal tallá.
No soy vacana. Ni matatana
ni un mujerón.
Muy normalota. Molleta.
Una morenota.
Otra prieta mas. Sin na' atrá.
Bling bling ain't for me.
But you will not believe lo que yo
gusté en Erre De.
Well, not me, me, me.
But me my USA passport.

Me my many gifts.
Me paganini.
Me my hot hip hop steps.
Me mambo violento.
Mambo de calle.
Mambo rabioso.
Mi mambo sabroso.
Raggetón.
Bachata urbana.
Dembow, dembow, dembow.
Boleros not even in a dream.
Me my mami chula salsa swing.
Me Chercha Royalty,
Merengue Queen,
Bachata Princess.
Me Queen of the Can.
Domini   can   that is
Me, my bachata perreo.
Clothes and accessories
as in the lastest video.
Eee Ooo.
También mandé tres cajas de comidas
y dos drones, full de to'.
¡Hello!

In junior high I quitted a gifted program shit.
They were taking a lotta' pictures like if I was
from out of space or something.
And then the questions.
Same questions over and over again:
What it means to be Dominican-American to
you?

What are the struggles that you and your family face every day?

What is your message to other Dominican-Americans?

How do you feel being the 1st Dominican-American to participate in this all white and Asian top-notch youth program and score among the highest?

Do you really want to know?

Do you?

Are you listening?

Are you?

Please Madam, write this down too.

I feel, I feel... like your fucking daughter will feel.

Your well-behaved daughter that I do not have the pleasure to meet. ...since we certainly do not live in the same neighborhood.

And you, "I already have my MSW and I'm working on my PhD-But you missy, you are dropout material", counselor. Couselor? Your face draw a blank went I told you my comfort food. Yes. I have the privilege of tasting yours and mine. And I would keep mine by choice. Arepitas de yuca, chocolate con maicena, yaniquecas, bollitos de harina de maiz (don't forget to sprinkle some anís seeds) and morir soñando.

It would be easier...I know. I could blend-in telling the group how brownies, home-made apple-pie and Mom's soup makes me feel.

But I stick to my heart. Sorry MSW counselor.
Counselor?
Get your dictionary to translate my comfort
zone. And your brain will explode. So your
tastebuds. I understand. And could not care
less.
"And her Dominican mother works in a factory.
And no father-figure in the household.
That poor, bright girl, lives in a very dangerous
neighborhood.
Everybody there is under the poverty level.
Her family can't understand her devotion to
books.
They are clean but very loud.
Their eating habits are insufficient and not
nutritious enough, as science can prove. And
still Kiskiya? Kosquiya Amara has an
unbelievable rich vocabulary, exuberant critical
thinking abilities and incisive humor. She
always exercises values of truth that we do not
know from where she learnt them.
But she is too passionate, to emotional.
Too verbal, to direct.
Too Hispanic. Sorry. Latin?"
That was in my keep confidential report.
Fuck that shit.
This was my mother's real first disappointment
with her first and only daughter. She told me so
in her own ways:
-ahora es que tú y yo vamos a hablar inglés.
- aquí ahora se va a bailar el merengue de
Eroína.

-comenzaste temprano a caminar como cigüapa.

-culito buscando fuete.

-hija eres, madre serás.

-porque tú te gobiernas; porque tú te mantienes; porque ya tú eres una mujer hecha y derecha, verdad?

I told her that if she wanted all that white opportunities stuff she should do it herself. The: ¨I always wanted to be a ballerina. I hope my daughter becomes one...¨

Fuck that shit. And please spare me forever de tus "te lo dije". Porque las cosas desde el principio tienen todo lo que van a tener, pero en chiquito. Las preguntas, las fotos, las miraditas, las invitaciones a todo el grupo menos a mí. Todas las vainas que vienen con el gifted show iban a seguir. Y yo a creérmelo. Hasta que yo amagara a pensar algo diferente a lo del grupito de "elegidos".

Gifted? You must be kidding. We were just a bunch of insecured, unhappy, competitive, horny, motherfuckers.

Then two years later, I dropped out of high school 'cause I did not have a boyfriend.

No boy ever looked at me.

Las morenas tenían sus novios. Las mexicanas, las ecuatorianas, las haitianas...todas but me.

Mi mamá contenta por eso. Even proud.

I did play el topao, volley-ball, pan caliente, el cagaito, romil, ajedrez, Uno, scrabble, Trivial Pursuit, Nintendo, Playstation, Wii, parché even vistilla.

But my weakness was always to play a la botella and then, mamá y papá. Tema de composición dos puntos, Los varones.

Subrayado dos veces.

Siiiii, yo tambien quería estudiar. Pero que me enseñaran algo diferente: la historia de gente que se parece a mi; como en verdad es para los que siempre pierden.

Como yo. Siiiiii, aprender vainas que me dejaran cantando Sin joder a otro otro para hacerlo.

What school is that? No boy neither nothing interesting to learn.

It´s true. Yes, yes, yes, it is true. I really, really, really just wanted to get lucky. Lucky aka fucked. Yes to fuck.

Excúseme, to furnicate. To Fornicate Under the Consentment of the King. King who? F U C K. That's how fuck became a word a loooong time ago. Can you believe it? Get the fuck out. Fuck that. That fucks. Fucking fuck. Fuck. Fuck the king. Kings and kingdoms are fucked up.

Por que no se calla? Lo dijo.

To consent my bed works... fuck that shit. Que se calle el.

But I just wanted to get lucky.

'Cause is all about me, babe.

Gladly, a mi vecina se le murió la abuela que la crió en Di Ar.
Di Ar. Done right.
Ay, que Dio'me perdone. But she too, FFF.
Flying for funeral.
She went. Stayed three months.
And came back pregnant.
Ella es más prieta que yo.
Moño ma' malo que yo. She is bigger than me.
Mad bigger than me. And she does not even have los ojos de gatos that I do.
My Derek Jeter killer-look. El Jeter que llama con Avon también.

Ahora ella es mi comadre también.
And promised to take me to DR in December.

Yesterday vino la federal.
Son rubios, grandotes.
Americanos, americanos.
I have never seen one so close.
Hoy cerraron el supermercado.
La bosa, la mujer del bo', cogía todo lo que le daban. Una gente con tanto cuarto.
Casas y haciendas en el Cibao, casa en Fort Lee. Carros y yipetas aquí y allá.
Así cualquiera. Now they have to pay every penny that welfare gave her during the last 15 years. ¡Ay que calentón!

Hoy mismo conseguí trabajo en un 99 cent store.
Venden muchísimas vainitas que uno no necesita y compra anyway. Yo prefiero trabajar en un supermercado. Everything you buy, you eat and shit. And just pay for one price.
Ahora el miserioso es un tipo de la India.
Habla ma 'raro quer' diantre. Pero me paga a tiempo. So Fuck that.

Suena siempre una sirena aqui.

Narrator:
The rolling-eyes queen, Miss Thing, Miss Attitude, Miss "I have everything in the hood " goes to Santo Domingo.
But not really Santo Domingo.
She just landed in the Airport, Jose Francisco Peña Gómez International, near Santo Domingo. And from there,
she went straight to La Romana.
La Romana for locals. La Romana sin playa.
La Romana entre el batey y los turistas. Los turistas en sus potreros Resorts. La Romana en motoconchos de 20 pesos.

Ella:
I'm rich shit. I have 33,000 pesos.
Más 20 pesos más. And 1,000 dollars to change.

Love this town.

This country must be very religious and very very rich. There are many churches in every barrio. And many bancas in every single block.

I love this town. My mom was born here.

This doesn't look like the photos or the Santo Domingo invita thang.

Ay Dio', with no shame se agarran, se separan, se rascan, se pellizcan, se sacuden las bolas. ¡Lord have mercy!

Love this town. I was conceived here.

Y el global warming no les ha dicho
a estos hombres que ni los pingüinos
ya se ponen flú.

Aqui se oye la sirena de los bomberos.
A las 6am. A las 12 del medio dia. Y a las 6pm.
Mi mamá dice que ese era el anuncio del ¨se rompio la taza. Casa uno pa´ su casa¨. ¿Que sera lo que rompe ahora?

Damn, people here are so skinny.

Mira, mira, mira, una bolsa grande de Conway. Oh sorry comadre, I forgot what is bolsa for us here.

¿Cuál, cuál, cuál de ellos?
Oh that's your bolsa ummmmju'.
El compadre es flaquiiiito. Y se para derechiiito.
No es muy alto. That's why.
El compadre vino como dice mi mamá,
con una trulla.
They're checking me out. Me too.
I'm checking them out.
La trulla me chuba a un jabao que ellos llaman
El Sueco. I am not into no jabao. Fuck that.
Many in la trulla don't work. They still live with
their mothers, mamagüebiando.
I knew it, I knew it. I knew there was a damage.
I knew it. ¡Far Out I did. I knew it!

Me gustó el más negro de todos. Porque el
negrito de la vida tiene que ser negro de
verdad. No habla mucho, ni necesita hacer reír
a los otros. Espero que baile salsa.

Ella-el-Pueblo(s)
- ¿De dónde tú eres aquí?
- De aquí. Mi famila es de aquí.
¿Pero cómo me preguntas eso
yo encuera muchacho?
-Sin ropas es más fácil decir
verdades y mentiras, Gordi.
-Oye a 'ete. Donde mi familia vivía
me dicen que ahora hay un car wash.
.¿Cómo tú pronuncias eso?
-car wash
-ay mami qué lindo tú hablas.

-Mira muchacho deja la muela.
 LOL

Sorry that I jumped to our 1st motel date. The enamoramiento part was not unique. It was as my mother told me. He even used the same exact words that she said sooo many times. You know, the usual güavas:

"¿ves esa estrella?, es tuya"
"y cuando tú te vayas, ¿qué me
voy a hacer? Tú estás en cada lugar aquí"
"te regalo esa luna llena"
"me estoy acostumbrando mucho a ti".
"¿Dónde tú estabas? Te he esperado toda la vida".
"Tú eres hecha a mi medida"
"Yo nunca había conocido a nadie como tú".
-¡Achu!
¨yo quisiera llevarte a un sitio chulísimo. Mira tú no vas a creer que estás aquí. Vas a creer que estás en Miami. En Puerto Rico. En Italia.
-Gracias, pero yo vine y en verdad quiero estar en la República Dominicana.
¨Tu no entiendes. Es un sitio como de las películas. Sale en las revistas. En esas revistas de gente blanca que dizque son de aquí.
-Mi amor, el que no entiendes eres tú.
Si yo quisiera ir a Miami, iría a Miami. Esa revista no retrata mi La Romana, ni mi tú, ni mi yo.

¿Tu lees esa pupú? ¿Qué pasa More? No sólo para peinarte o cargarte esos ojos negros tan bellos...

Even though I knew he ain't for real. My eyes became stupid, como los ojos de las otras mujeres enamoradas. I mean stupid. Real stupid.
I paid in my heart and in pesos for his company. I paid every bill. Moteles, restaurants, disco, Basílica, frituras, gasoline, pal' río, pa' la represa. Y por unos fucking pantalones blancos que él no quería, él ne ce si ta ba.
I paid. I gladly paid. But for sure, he is one dude that cannot impress me ever. Yo fritura circuit king, you cannot impress me spending other people's money. Especially, my money. Ay ñeñe. Fuck that shit.

-¿Mami, cómo tu ta'. Tú tá asutá?
-¿Asustada? ¿Tengo que estar asutá?
More, de lo que yo me asusto tu te mueres.
¿Asutá yo?
-Eso es lo que todas ustedes siempre dicen.
-¿Ustedes? That's plural honey, A lot of people involved. I don't do trios. And no fucking for, on, in a video. I ain't no swinger.
Don't count me in.
-Ya salió la dominicanyork.
-Pena. Salió y no llegó.
-Mami, tú si te ves linda peleando.

-Que disparate es ese. Mejor me veo fea and get my point across. Papi.

-¡Tienes mieeedo!

- ¿Miedo? Ay muchacho, hasta ahora sólo le tengo miedo a las banderas.

-¿A las banderas? Tu ta' loca muchacha.

-My post 911 shit, I guess. Babe 'cause is all about me.

Real realeza la Kay not Kate. Okey. Oka.

We all live in the same building. El Ni e´. My mother, grandmother, la comadre-mi madrina, el ejemplo, la quiero a morir. Estela La Colora' del 3A. La flaca del 6J, la que jode con los jodedores de la esquina. Y cuando ella jode, la línea J completa lo sabe. La cama salta, ataca. La cama baila. Y la música a mil. Y todos cantamos "Sigue flaca, sigue, sigue". www. laflaca punto com. Estela, la higueyana. Josefa, la del 3E, que desde que puede te repite la historia de ese novio que ella tuvo cuando el tren costaba 35 centavos: "Entre nosotros no hubo nunca ni un sí ni un no. Nunca dijo ni esta boca es mía. Ese era un hombre. Tenía detalles. Siempre subía por lo menos con un contén de leche y siempre bajaba la basura". Tenemos a Ramona la que vende ropas de marca, pampers para muchachitos y viejos y joyas de plata.

Doña Altagracia, la que cuida niños y los busca a la escuela. Miledis la que arregla uñas, hace tubi, rolos. Y pasa el blower.

Dorca, la convertía que hace cortinas y cubrecamas. Su sobrina vino a vivir con ella. Se enamoró del muchacho que ayuda en la bodega de la esquina y por eso la mandaron de nuevo para allá. Parece que enamorarse es malo en la religión.

Argentina lee taza. Bélgica traduce, llena formularios y los taxes.

Minga, la que camina para que la vean. Anda tuti, cuerpo ñoño. Porque ella se siente buenonga. Privando en su rabo parao. Su fuiche pullú. Su culazo. Nunca se sienta ni duerme boca arriba para que no se le aplane su tesoro. "mejor várices que chata, mija".

Asia da cantinas. Ada da consejos. Incluido el de lavarse con alumbre. Y Miguelina, la del 3m, se lo da al bodeguero. Ese que le dice "primo" al barrio entero.

Clara, la negra grande de Hato Mayor, hace todas las Horas Santas. Su hija, Nieves la negrita, pasa todo el tiempo que existe, en el lobby.

La más fabulosa de todas nosotras es Tuti.

La negrita que pelea por su grajo. Oye que diploma. Ella con su corona en drela, su novio rubio del village y su botella de agua, sin minerales pero a la moda. ¿Ves? Vendieron la tierra, ahora venden el agua. Por ahí viene vender el aire.
"En agua, en aire, en tierra... con lo que me gustaban los morenos. Pero no me prueban. Y no les gusto. Sus familias siempre cuchicheando que mi peinao e' sucio y preguntándome cada vez, si me lavo los drela. Cerré ese caso. Ahora me entretengo muchísimo con esos ojos azules y verdes. Que no se si en verdad pueden mirar. Pero se ponen melosísimos con tres besos.
Yo su exótico time. Su liberación en la gran ciudad, en este ratico que están en la universidad. Ellos my full immersion program con los hijos de los dueños del país.
Fijate en Tuti. Ella hace con su drela las mismas vainas que hacen las que tienen melenas de comerciales. Mírala, getting su kiqueo. Explícame!

Mirta la del 3n, se presenta como Mirta Machera y machorra, la jeva de Miguel Melao. Su franela con U of M hace coro a la Universidad de su Melao. Nada de University of Maryland, U Mass, University of Michigan. La universidad del macho. El míster es el master.

Mariita la seybana es la farmacia dominicana en los países. "Todo lo que te duele se puede curar con la medicina de donde tu naciste muchacha. Y también con medicina alemana que se vende allá". Ella tiene unos tesecitos llenos de químicos y un chin de jugo de limón que son cuchilla para la gripe; un bálsamo inca, con letras chinas, hecho en Erre De; medicinas bilingües que una sola sirve para diarrea o estreñimiento; óvulos para flujos y para apretar, polvitos para lavados bucales o vaginales; que te engordan o te ponen flaca; que te aquietan o te dan energía. Y trabajan sí.

Y para los moños ella tiene un closet entero lleno de crema negra, espíritu de canela, rinse de suela, champú de verbena, la placenta de un parío, üela de romero, la agüita de Richard's, lecitina del huevo, la leche de coco, semilla de lino, gusano de seda, esperma de ballena. Será de balleno. Aceite de oso. Unjú, Aceite de oso. Osos en Erre De.

Y Crecepelo-apretadora-garlic cream-cebolla cream-cilantrico y verdolaga, la bomba-baba de caracol-barro y arcilla-melaza de caña-todo en uno-embrión de pato. Todo eso lo venden aquí pero ella todavía lo trae de allá y nosotras se lo compramos.

Al lado está María la del Cruce, quien esta
metida en su viaje a millonaria vendiendo
productos de una pirámide. Será oro, plata,
Esmeralda. Su foto saldrá en el catálogo de
colores, riéndose y muy bien peinada. Oigan a
la profeta de este tiempo: "Todos podemos ser
millonarios. Todos tenemos que ser millonarios.
Estos productos son de uso diario y de la mejor
calidad. Johnny Ventura es Esmeralda.
¿Qué tú te ves haciendo de aquí a cinco años?
¿Cuánto dinero tendrás de aquí a siete años?
¿Tú no quieres ser millonaria?"

Janitzia, es de México. Nació en una isla
en medio del lago Pátzcuaro. Se oye
chulísima cuando dice "El mamagüebo ese",
refiriéndose al dominicanaso papá de sus
hijas. Las hijas como la mai con nombres de
sus islas, La Pacanda y La Yunuén.
Su ahorita es ahora. Por eso es la dueña de
todos los puestos de "Jugos naturales de frutas
DominiMexi" del barrio. Antes vendía flores y
se la llevaban presa. A ella y a las flores.
¿Adivina el crimen? El mismo tuyo, que está
aquí sentao quitao de bulla.

Está Doña Petra. La única cubana que nos
queda. No conoce a Juana. Es la que todavía
tiene una poli lak. Cuando sale deja el radio
prendío para que los ladrones crean que hay
gente.

Radio WAO en Nueva York. A Doña Francia le mataron un hijo en la cárcel, otro en Irak. Y un sobrino en Afganistan a quien le dieron ciudadania postuma. Gana 3 pesos en palé cada mes. Dicen que es un pacto.

Mi madrina Gabriela y mi padrino Gabriel son la única pareja del edificio. Llevan 40 años de casados, sin hijos. Con los problemas normales de genio de dos gentes que están vivas. Me dicen que bailaron mucho en el Cerromar y Happy Hills Casino. Tres veces me sonaron, bien soná. Por jodona. Por goberná. Y por ma- la- pa- la- bro- sa. Desde que yo me conozco los visito todas las semanas.

Los viernes llega Atalanta de la factoría de Ignacio y frente al buzón, viendo sus biles grita: "Llegué yo, la hija de Esperanza la billetera. Cansá, cobra´, cabriá, con celular y celulitis, comiendo cerezas y ciruelas. Cámbiame los vasos y los hombres, coño".

El hijo de María es su hermano.
Y su papá también es el papá del hijo de su hermana. Su sobrino es su tío. Su abuelo es el papá y marío de su mamá. Ese braguetú no ha ido a la cárcel ni de visita. A la hermana de su mamá le pasó, una sola vez, lo mismo. Pero esa lo resolvió diferente. Esta pre-ciosa. Pre- sa. Que fuellllte. Porque el abuso es el abuso es el abuso es el abuso. Lo haga tu mai, tu pai,

tus hermanos, tus amigos, tu marío, tus hijos, el gobierno, el circo de los hermanos Barnum, el del Sol o los santos celestiales.

Por ahí viene Celia. ¿Qué cómo lo sé? Óyele los taquitos, que le faltan las tapitas. Uuuuuy, me da dentera. Si hoy quiere comprarse una bicicleta de hacer ejercicios, primero le tiene que preguntar la opinión a todo el santo Ni e'. Hasta si va a mandar unas cajas para allá, ella le pregunta a villega y a to' el que llega. ¿Tu crees que con esta compañía es mejor? ¿Qué mando, un drón o tres cajas? ¿Tú crees que esa ropita le sirva a la sobrinita de mi prima? ¿Eso se usa allá?

Dulce, la del 4d, con su par de árganas, cananas como caderas. Sin complejo, con sus chicle rojos, sus licras marcándosele hasta el pensamiento.

La reina del benguei en el 6b, con sus tres bordantes que no dicen ni ji. Aunque uno de esos bordantes le tumba la comida a otro. Mañoso el pedacito de gente ese.
La reina del benguei, puerta con puerta con Melania, quien, como su hermana, vino a parir. Parió y mandó a los mellizos a Cotuí. El Jason y el Jonathan. Puras dinamitas enanas. Ellos y su primita Katrina, cuando vienen los veranos, se les llama el trío incordio que da la carpeta más ácida. Los jode-jode, los fuñe-fuñe de

la pompa. Ahora cuando preguntan por ellos dicen "¿y los pichones de osamas? ó ¿y los talibanitos?".
Yvelisse la hermana de Melania salió con una dura. Dijo que ella le puso Katrina a su hija, porque además de ser fuerte y destructora, esa carajita desenmascara al más bonito. Igualito como le hizo esa tormenta a este país. Katrina en el país de las maravillas tomó fotos que le confirmaron su "tercer mundo" a los dueños de la coronita de Dios. Todas las fotos, eran de gente igualita a nosotros. Me parecía haber visto esas fotos tomadas en otros lugares. Pero eran de aquí. Mira, las mismas caras, la misma pobreza, el mismo color, el mismo dolor. Sólo que hablaban en inglés. Melania lo dice, que no le pare jamás a hombre nacido; porque estos no trajeron pan, mallorquina, masita ni añuga perro, debajo de los brazos; porque parió a los que se comieron las cincuenta estrellas de la bandera.
Me, my people and world affairs.

Mirta negocea, hace sanes-sociedades, préstamos y rifas. Me, my people in the global economy.

Maritza Bryant, de San Pedro, es aquí la cónsul de por vida de los cocolos. Y trabajá bien la harina. From bollos to yaniquecas to dumplings to pastelones. Our own food channel. Caña es su San Antonio.

El entra por esa puerta y sigue caminando. Por donde camina va dejando lo que se quita. El abrigo. Sigue en el pasillo y ahi deja la camisa. Frente al cuarto se quita los pantalones. Sentado en la cama se quita las medias. Va a la sala y se quita la franela.Y esta chopa es la que recoje. Toy jarta. Asi viene a visitarme el bolsu. Aqui viene dos veces por semana. Y estoy jarta. Lo que se dice jarta. Que riegue donde su mujer. Que riegue donde su mai. Pero aqui no.

La hija de Clarissa la rayana, la del 4to piso, se puede volver loca de tanto estudiar. Se graduó aquí, se fue upstate y se graduó dos veces. Ivy league, liga nacional. La biliger. Cuando viene, cree que está visitando al zoológico. Nos pregunta muchísimas pleplas.
Dice "Wow" cuando le parece bien. "Oh My Godness", si le sonamos mal. Come fat free sancochos, las habichuelas con dulce 2%, bofe y pipián con 0 trans fat, chicharrones sin colesterol, eco-friendly morcillas, sus empanadillas sin cafeína y yaniquecas light. Mucho fiber, mucha vitamina, antioxidantes y mucha cosa. Ella dice que las culpables de todos los problemas son las madres; que eso se lo dijo un sicólogo americano en la universidad. Pero el sicólogo no le dijo que la mai tiene una mai y esa mai tiene otra y esa

otra, otra. Que a ninguna de esas madres le dieron na' de hijas. Que la mama no tienen acabadera.

-¡Perra!

Perra no. Sera chiva. No me saques de mi track. Hablaba de los sicólogos. Mira que fácil resuelven los problemas los sicólogos: Culpan a otro de todo lo que te pase. ¡Tu mai. Mi mai. Ique las culpables. La suya que e' mi comai. Que se come lo que la mia trae!

Siguen los doctoritos, cobrao del SSI, campante y sonante en la culpadera. Así con todo y que supuestamente la Rayana es la culpable de todos sus rollos, ella fue a Santo Domingo, "where mom was born, you know"… Ella fue con sus diplomas, amigos americanos, su ropa Banana Republic y su corona desrizá, a la influenza Condi Rice y no la dejaron entrar a una discoteca por prieta. A la fiesta que pudo entrar, no la sacaron a bailar por lo mismo. Y yo no he visto al primer dominicano blanco. Deben existir.

Pero yo nunca lo he visto. ¿Tú te imaginas, a un dominicano blanco? Oye a e'te dique blanco. Mírale la nariz. Mírale la boca. Mírale las nalgas. Míralo bailando. Esas no son cosas de blancos.

Yanet, la vecina de la rayana, tiene un hijo con un músico fantamoso – fantoche y "famoso", que se lo negó. Si lo guguleas el tipo no existe.

Verla los sábados, cuando ella viene del salón, es un show: se deja caer la pollina en la cara y con los dedos de la mano abiertos, se la echa para atrás; yo la llamo, para que siga su show y ella vira la cabeza rápido y toda la melena pintada de rayitos se va del otro lado- ¿Que? Cuando ya está en conversación con uno, con las dos manos se pone los cabellos de la sienes detrás de las orejas. Eso lo hace muchas veces, todas las veces que dure el hablao. Después de despedirme siempre la llamo para decirle algo que dizque se me olvidó decirle. Y ahí va la melena cargada de rayitos, rápido, rapidísimo para el otro lado. Ella con su cara de anuncio de champú, realizada y feliz con ese efe i ene.

Mami no voy a la Hora Santa. Esas mujeres del 6to piso cantan muy malo. Entonces a mi me da una risa y ute se encojona.

Daniela es una madre joven con ruedo que le pesa. Esa muchachita salio con la barriga cuando en el grupito tenían cada una 15 años.Con su barrigota tomo su GED. Trabaja y atiende a su muchacho con un amor. Las muchachas no la han dejado sola nunca. El Viejo que la preño nunca más se vio. Danielito no hablo hasta los 4 años. Es autista. Acaba de cumplir 12 años. Increíble. Es experto en flores. Sabe los nombres en latín de todas las flores. Se ha cambiado su nombre a Helianthus. No contesta si no lo llamas así. Puede buscar en el internet. Busca flores. Solo flores. Lilium, Pelargonium, Anthurium Andranum, Apathiaphylum Alana, Cymbidium, Cyclamer Persicum. Su madrina, Kay, le dice Chulo Girasol. Girasol Chulo. Cantandole luego partes del Jardinero de Wilfrido. Con oír esto se le ve una sonrisa. Y le abre los brazos a la Gorda. Es una bendición muy especial ese Girasol. Me saca sonrisas y lágrimas cada vez que lo veo. ¿Quién será esa alma grande que vive en ese cuerpo que no hace lo que hacen los otros muchachos de su edad?

Ayer éramos todas invitadas a hacer bulto, en el 9C, en la boda de Inocencia y un vivo-muelú-pechú, culichumbo y baila malo. Ojalá y pague los cuartos a lo que se comprometío. Si tú lo ves dandole el beso pa' la foto...tu jura que salió de esas telenovelas donde nadie habla ni se parece a nosotros. Aprovechao.
Ya ensayaron todas las preguntas de siempre. Si, si, si, los colores de panti, cuánto gana, todos los nombres de las dos familias, sus gustos -por atrás-bañarse antes de acostarse-cortarse los pelos de la nariz los viernes-mirar la noticia en la cama... Lo que más le gusta

comer es locrio. Eso fue lo único que no pudieron traducir. Locrio. Lowkeyrio.Low-key-rio.

Carmen. Carmencita la del 6E. Música, música, música. MUSICA. Siempre dice "Hablemos poco y bien". Trabaja en la factoría de cigarros allá arriba. Cuando va pa'l trabajo los mecánicos salen del flat fixed "El heavy" a decirle lo mismo cada mañana. Ése es el desayuno de todos. Para ella también. "Carmen qué sabor tú tienes, Carmen". Ella camina. Se sonríe. Se acerca al grupo y le topa el guebo a uno. Le busca en el bolsillo a otro. Y sigue caminando como si nada. Cuando regresa siempre le tiene una sorpresa. Una vez se sacó una teta. Otra vez se puso pintalabio rojo en frente de ellos. Le ha cantado. Le ha dicho secretos. El repertorio es inmenso como el Mar Caribe.
Se dijo hasta barriga verde con Rakli. Cuando le dijo que si con su escoba no era lo suficiente… se jalaron los moños. Carmen le escribió una X en la cara con una navaja. Del precinto llegaron rápido los azules. Quien la esposó, un tal Joseph O´Hara, agarró su brujería cuando ella le tiró una flor roja que tenía guardada en el brassier. El O´Hara se enchuló. Se emperró. Le soltó las esposas. Cogió cárcel por ella. Lo soltaron. Lo mandaron pa' la oficina. Pero él está aquí en el Ni e' 24 hours celándole las nalgas a Carmen. Ella

haciendo sancochos y cherchas con sus tígueres, en full force. Celebrando lo de siempre. Na. To. El ex-policía salió más celoso que republicano con su frontera en Arizona. Anoche la jamaquió. Ella se reía. El más se encojonaba. Esta tarde llegaron sus canchanchanes con un pelotero de grandes ligas. Carmen en cuerería. Bailando bachata urbana y mambo violento, quemándose con el pelotero del curly. Un mentao Escanio. Joseph está que arde. Voy a subir sólo a recordarle a este José que aquí no aceptamos maltrato ni mucho menos la muerte de la Carmen. Que arranque en fa'. Pero la violencia no va. Aquí en el Ni e' se re-escribe la novela.

En el cuarto piso está la licenciada, la generalísima. La que ha visitado Gracie mansión. Pendenciando donde vive el alcalde. Le han dado todas las placas, trofeos, citations, proclamations, ajentaeition, bulteition, disparateition, de baldeition, for nadeition.

Lisa vive en el apartamento con su mama aqui en el Ni e´. Y son enemigas. Ella mide a la mai con la mirada. Se atrevio a marcharle. Se emburujaron a peliar. Mi mamá se metio a separarlas. Tanto ¨toda yo¨ y uñas de los chinos y ella no da u chele pa los gastos ni lava un vaso. Es enemiga de la mai que la mantiene. Y si la vieras como es de cariñosa con los vecinos. A mi que ni me mire esa aquerosa.

Bienvenida tiene el nombre que le pega. Ella hace un fregao bueno. Limpia la estufa y no deja ni una gotica de agua en el fregadero. Es la que siempre está bien recibida en todos los apartamentos del edificio. Servicial, limpia, hacendosa, no repite lo que oye y con ese buen fregao...Ella es una estrella. Ella es el verdadero cuadro de este Ni e'.

¿Que de donde yo soy? Yo soy de la casa de Dios. El pais de los Perros del Señor.
Nací en la República Dominicana.
¿Tienes problema con eso?
Ven. Lo resolvemos aquí. Ahora. Que vaina e'.

-Yo. Yo soy Afro-dominicana.
-¿ah, afro que?
-Afro-Dominicana. Afro-África...get it?
-¿Te vas a buscar una moneda con los morenos de aquí? Si no es asi, debes de saber que no es necesario el nombrecito. Eso se lo inventaron aquí en una universidad, para una cogioca, engañadera, una política.
Mil a mi que hay un profesor-licenciado-busca vida con flu, un sabe mucho dirigiendo la cogioca. Pero recuérdate que aquí hay negros como nosotros, pero son a me ri canos. Yo no he visto a ningun Moreno llamandose African American. They are black. Y punto.

Con que tu seas una prieta que diga lo que piense y hagas lo que digas, ya con eso le hiciste los mejores
honores a Afro-Africa. Get it?
-Sister Kay, you are wrong. You are wrong to think like that my sister.
- I might, my sister. In Fact, I am almost always wrong, my sister. Were we looking for the right thang?
You might be right. I might be wrong but I ain't carrying nobody's freaking right flag. If you ain't blind you know that I am black. Prieta. Morena. Negra. I will not call myself black Dominican.
Go for it, if you need to. I do not need it. Buscatela. Pero you know that I know. I do not need to put más azúcar a lo dulce. But I respect you sis', even if you don't respect me. Power to you sis'.

Doña Tata, la del 3J, siempre insulta a todos igual. A las mujeres: "Mire tierrita, panti sucios. Sin concepto ni pregenio". Y a los hombres: "Mire tierrero, huele panti. Sin concepto ni pregenio". Los muchachos de la esquina la llaman el Secreto de Victoria.

¿Y tu, como dices quien eres?

Dominicano, Americano, de Las Americas, del Caribe; eres Isleño, de Hispaniola, de Ayti; taino, Africano, Españolllllll; Afro-dominican, Taino-African Dominican, Dominican-American, Dominican-York, del surrrrr, del este, del cibao, del sur de la florida, serie 23, serie 26? ¿Yo? Yo hoy soy una York-dominican-york. Ya lo sabes.

¿Donde se consigue jabón de creolina?

Pura. Pura Hueso, la fleje del 3K tiene tres jevos.
"Gorda, pa' estar siempre gabiá. Encaramá ahí, arriba de lo morenose. Todos los días son los días del Señor. Entrégate".
Un cuerpito tan chiquito y tan lleno de perrería. Los días nublados Pura los llama el amague del 421. Polvos, potes y sancocho. Así que ella celebra la víspera y el gallo. En su apartamento es donde se hacen pari con sancochos todos los sábados, se habla de coco mordam, menopausia feliz, que si de afeitao o no pa' rriba y se maipiolea. Es su promesa al espíritu contento que le arregló los papeles. Si un día te falta cuarto, ella te lo presta sin pena. Y sin rédito. Ella es la reina de todos los 421 en las lluvias de primavera, friítos y nevadas del invierno. Quizás por eso ella tiene la mejor onda como amiga. Muy gente. Muy dama. En

la puerta de su casa, con su letra dice, mis tres palabras favoritas: Mañaneros, frescuras (as in hacer frescuras) y miel. Entre a su propio riesgo de convertirse en dulce.

El 7 7 7, a las 7 hiciste los siete pasos a la séptima sabrosura. El 8/8/08 a las 8am y a las 8pm por ahi estuvo tambien de 4 de julio. Encendío. Velas, flores, de amores. 1/11/11, de uno en uno. 10/10/10. 11/11/11. Y 12/12/12. Numeros a pipaf.

Chanti, vive al lado de Pura. Imagino que será su nombre artístico en playas extranjeras. Eso viste de blanco hasta en el invierno. Eso es muy místico. El 3M siempre está perfumadito de incienso. Aunque si ella tiene que hablar duro lo hace. Pero siempre anda con una buena vibra. Sin drama. Y con sonrisas.

Doña Dilcia sabe más de reinas, reyes y princesas de Europa que lo que sabe del building. Esa revista Hola es su biblia, compañía y guía para su próxima vida. Ella, mi infanta come yuca. Ella sabe a quién se singa el príncipe, quien en verdad desfloró, templó y preñó a la princesa y por qué la reina anda siempre con un truño. Di tú tu verdad.

Las muchas que viven en el 7a…None of them have féferes. Al lado, Las Marías. Las morenas hijas de Doña María que son bullosísimas. Con una mai que ni se oye.

En el 6 S vive Santa, la que mejor interpreta los sueños de mi Ni e' isla-continente-edificio-apartamento.

Yo siempre me sueño que soy tres. Como el aceite…3 en 1.

Hoy me di cuenta que es que el cuerpo es una cosa, la mente es otra y mi alma es otra.

Oigan que vaina ma' apera. Hoy me di cuenta que viven bien las tres si cada dia hago algo con cada una de ellas. Suena raro. Pero yo me entiendo. Si lo digo alto me llevan pal Belleveu.

-Te entiendo. Mejor que se lleven pal Bellevue a los de partido del Te que no sirve pa' remedio. Mejor que se pongan a arreglar muchachos y a no vender revolveres, antes de que les de esos arranques y sigan matando a todo lo que ellos vean como diferentes.

-Bueno, esto se esta poniendo color de hormiga que habla inglés.

Isabel is an outdoor girl. Can you believe it. A su mamá no le gusta ir ni a la yarda. La joven como siempre tiene su blanquito, esta con sus cosas del aire libre. Camping. Hiking. Trekking.

Canoeing. Rafting. Todo lo que sale en las revistas. Me dijo que la unica verguenza que paso con sus rubios friends, ¨at the beginning of finding her life calling¨, fue cuando vio una matica de lavander. Ella juraba y juraba que eso no era lavanda. Eso no olia ni a fabuloso ni mucho menos a Mistolin. Tierra comeme.
Habra dicho el outdoor boy. O dira otra cosa en su lenguaraje, que diga eso. Ascaracaracatiskis taskatiski tascaracatiskation.

Mi vecina Belkis es la reina del karaoke.
Kika, su compinche, la reina del bingo de la iglesia. La vecina de mi vecina...Je, ahí si hay, compadre. A sus suites-como ellas llaman a sus apartamentos en la Torre Ni e-la visitan merengueros, bachateros y cómicos famosos en Erre De. Belkis y Kika se llaman una a la otra Mega-Diva. Las megadivas con sus calendarios hechos in Da' Heights con los cuartos de la primera semana del san.

De que se ríen esas mujeres en la puerta del Ni e'. Déjame acercarme.
¿Quién sino Lidia? Oye, que el tígere se le durmió porque ella perdió toda la tarde tratando de abrir la ducha en el Cortesy. Y que ella por vergüenza le pagó la mitad de lo que él gastó.
El barbarazo lo aceptó.
Le dio un rain-check para el martes regresar al primer motel que esta al cruzar el puente.
LOL

Pilar quiere siempre lo que no tiene: Si yo tuviera una hija fuera feliz. Cambio mis tres muchachos por una hembrita.
Si viviera allá, fuera la mujer más feliz.
Si fuera flaca...si fuera mas lavaita...si fuera menos culona...menos tetona, menos dientona, sin quija, si fuera mas alta...
Pilar siempre quiere ver lo que no está:
¿Por qué no te hiciste pollina?
¿Por qué pusiste esas fotos de tu familia en tu sala?
¿por qué te dejas la camisa afuera?
Mejor así...eso no te pega...te ves fea.

Un LOL me parezco yo.

Aunque no lo parezca, yo soy una mujer de Dios. Sé que estoy aquí por un ratico y regreso al mismo lugar de donde vine. Pero no te lo voy a decir en tu puerta, ni de testimonio, ni en ninguna iglesia. Te lo voy a decir bailando apretao. Riéndome mucho. Cantando desafinao. Así Dios me acepta y me ama. ¿Entonces? Apunten pa' otro lao' con eso de miedo-Dios como cuco. Dios de culto-Dios de la boca pa fuera-Dios diezmo-la Iglesia de estrellas. Dios contable. Ay no...El Dios mio es un Dios de amor. De aceptar a todo er' mundaso como quiere ser. Porque él sabe que cada quien va a bregar full con su colombo en hombro.

Al marío de Fé lo lakiáron en Rikers.
Pre-cioso. Pre-so. Lo trasladaron para las
Tumbas y ahí cantó. Con todo y su canción lo
deportaron. Era un caso federal, tú sabes. A
ella de fe solo le queda el nombre. Tiene a otro
tíguere. Y quiere otro ID; otro país de
nacimiento-nombre y apellido-dirección-en
caso de emergencia llame a...Margarita.

Doña Margarita. Pero recuerden que la
hermana Loreta fue primero que la del 1800.
Ahora me desayuno.

Doña Margarita siempre entiende a las
muchachas de Amsterdam que se han
prostituido. Las trabajadoras sexuales, las
llama ella. Porque ahí no está su hija. Que si
eso es solo una preferencia sexual. Mientras el
pájaro no sea su hijo. Hay que entender, los
hombres son de la calle. Mientras quien se lo
pone a ella no sea el que anda de ripio alegre.
Para vivir no es necesario una profesión.
Mientras quien deje la escuela no sea su
sobrino. No debe haber discriminación con los
morenos, con los haitianos. Ellos son gentes
igual a nosotros. Mientras ellos no le enamoren
a su nieta. La pobreza es una bendición de
Dios. Mientras la viva otro. Mientras no llegue
ni cerca del 7E. ¿Qué me dices de esta
mutual? No ombe no.

Ay Dio', que vergüenza. Yo solo estaba escuchándolo. Escuchándolo de verdad. Pero cuando el habla, mira para la derecha. Agranda los ojos. Muchas veces. Después hace una mueca con la nariz. Pone la boca como un tira piedra. Como sale en las fotos Michelle. así mismo tenía ya yo la boca cuando le respondí. El creyo que me estaba riendo de el. Ay noooo. Como yo haria algo asi. Estaba taaan concentrada en su boca, en lo que el decía que me lo copie sin saber. Ay tú, que vergüennnza.

Niobe, la del 9S, priva en que en todo el edificio, sólo ella le ha dado costumbres a su hija. Que la jojota, plagosa, lagañosa esa, no entra en los cuartos de nadie y ni abre nevera ajena. ¡Gran vaina! En su casa eso no come molondrones ni nada con harina. Pero donde la cocola se jarta unos platasos de molondrones con harina guisá, que ni Walter, el hijo de Maritza. Yo también la he visto embicarse de las botellas de agua y los jarrones de jugos en la nevera de su casa.

-¿Tata que tantas pasas le diste al niño. Ahi ta fajao con muchas pasas en la boca?

-No le di pasas. El ha estado tranquilito jugando en los gabinetes. Deja ver que es lo que tiene en la boca el jodio muchacho ese. Ay Jesucristo Sacramentado. Mirale los buches llenos de cucharachas. Miiira mira. Las cremitas de las cucharachas en toda la cara. Y las paticas de las cucarachitas en sus dientecitos. Hay Dios mio. Este muchacho me va a matar.

En una clase que dieron a los padres de los muchachitos del pre-kinder, nos dijeron que lleváramos un diario. Ique para aprender a querernos. Mi diario: Martes-amanecí rara. No me pareco a mí. Miercoles-toy abofa´. Jueves-que carita ma´ relambía. Viernes-hoy amanecí como bonita. Sabado-pañuelo en cabeza. A desollina este apartamento. Llego Sanidad! A chopia temprano. Domingo-Diario toy en beba. Lunes-Dimelo Diario. ¿Me quiere o no me quiere. Hay cariño o no hay cariño?

I understand de macutico pecador one. Pero chininin… Is it an animal? Ahi va mi mamá de nuevo, ¨vienen del parque con ese bajo a chininin¨.

Señores por favor, no me digan ningún apodo, ni de cariño. El me decía illa. illa pa'qui, illa pa'lla. Illa por cuatro años pisao. Yo creía que era por loquilla, la de mi estilla, canelilla, muchachilla, chulilla, chiquitilla, bonitilla, mamitilla. Illa hasta que dimos aquel show frente al laundry; le brinqué y lo arañé. Lo último que le dije fue "mira ladilla". Y el se rió. "No, no me diga así. Ese es tu nombre". Ahí volví a brincarle de nuevo. Y el me atetó.

¿Quién tu crees que habla de la pajita en el ojo ajeno sin mirar la vigota en el suyo? Yo. Y tú también. Si ombe si. No te hagas...

Dominicana vive en el basement. Si, así se llama, hasta en los papeles que la declararon tarde. Lo chulo es que un arroz con leche o un chocolate de agua con harina es su cena. Se llena la boca diciendo que por eso no está regorda como todas nosotras. Que así a ella y a sus once hermanos le dieron los cuerpazos que tienen. Sin enfermarse. Se comerá su dinner de lonche en NJ en la factoría, veldá?

Mi paseo de todos los días es caminar en las escaleras del Ni e', entre la tarde y prima noche. Solo para oler esos sazones. Ummm, esa habichuelita en el 3E. El sofrito de al lado. Ajo en aceite verde en el 4C. Eso si huele bueno. Que bueno cocina mi gente coño.

Dique 4%. Estos jovenes son buenos y considerados. Deberian coño arranca cabeza. Y que nadie pague por educarse. Quemarlo todo.

-ay noooo. Ya pasamos esos tiempos chula. El dialogo. El dialogo. Protestamos. Pacifica. Parque Independencia. Obelisco Hembra. Con lentes negros, es el look. Facebook. Dialogo.

-Que dialogo der coño.

Uuy mejor me salgo del elevador. Ute ta belicosa. Suerte que vives a tres horas y media, por avión.

Celeste, quien es escorpión, vive casi en el cielo porque trabaja downtown con los blancos. Ella tiene 27 tarjetas de crédito. A todo el mundo en el edificio se las ha presentado. Si la dejas hablar primero, rápido te dice que siempre la confunden con una Americana; que ella no parece dominicana; que no habla como dominicana ni en inglés ni en español; que no viste como dominicana ni en invierno ni en verano; que no se comporta como esas Dominican-yorks, ni aquí ni allá. Ese es como su orgullo, el como no parecerse. ¡Uté a visto al diantre!

La otra con el downtown fever es Raquel, la ojos de gatos de la Enea. Que si su abuela era española. Que si su familia era de muchos teneres. Ella cuida muchachitos blancos en el Upper East-side. cuando regresa al edificio se encuentra que los muchachos de nosotros son moscosos, feos, brutos, mal educados.

¿Tu ve la vaina? ella misma ha dicho que su jefa es una flaquita que tiene dos perros y un niño, los tres con los ojos azules. Que la flaquita le da besos en la boca a los perros y después besa al muchachito en la boca. And all is kissy kissy cutie pie. Ay che. Que la flaquita y su rubio se pelearon porque la flaquita encontró unas fotos de una mujer que tiene su miembro, la she-he con su him...La ella con el deso y al marido de ella en plena acción. Para Raquel somos nosotros los que escondemos todo. La doble vida no se puede esconder ni en fotos de familia, ni en el pensamiento, ni en un apartamento con doorman.

Raquel llevo a Bruni a trabajar por ahí también. Bruni juega casita con un grupo de caribeñas que trabajan de niñeras en el East-side. Tres días a la semana se juntan esas 9 mujeres en los apartamentasos donde trabajan. Juegan a que son las señoras y madres de los muchachitos a quienes cuidan. Los carajitos ya hablan con acento. Es pa cagarse de la risa los cuentos de esa chercha. Sirven té. Se comen las vainas raras que hay en la nevera. Se acuestan en las camas. Se visten con las ropas de las doñas. Mueven el pajón como mueven las melenas las dueñas de sus 8 a 7. Ya hay tres que tienen arregla´ las fotos del matrimonio, la de familia en estudio, la de las vacaciones, con las caras de ellas. Copian hasta como y de que hablan. Ya han pasado sus buenos sustos. Pero igual siguen jugando ser Mr. and Mrs. Vainita on York Avenue. Los que tienen su Brazilian dog walker.

Las pancartas quedaron buenísimas. "Así se hace", "que su último 'guto lo llore", "¿Puto?
No luto", "Tod@s en el Ni e'contigo", viste esa muy actualizada con arroba y todo. Es que estamos esperando a Lisa. Ayer ella iba a recibir su casa nueva. Ante-ayer su marido se fue a celebrar en la casa nueva con su adorado embulle. Y se ha muerto encima de la tipa. Cuando fueron a avisarle a Lisa, ella dijo que lo llorara la que lo gozó. Le explicó a sus hijas. Que si ellas querían podían quedarse al velorio de su papá, pero que ella se regresaba al Ni e'. Una de las muchachitas viene. Y la otra se quedo para ver el show y que nadie le cuente. Señores, uno solo sabe de uno y solo de hoy.

No es por joder, pero yo no voy a decir árbol solo para que crean, para hacerme la fina o para que me entiendan. Yo digo mata. Nosotros decimos mata. Si, si, mata. Mata, mata, mata. ¡po!

El disque mujerón del 3K, Kirsis, dice que ella es sencilla, que en verdad lo que ella quiere es un hombre que sea cariñoso (haciendo con una mano el gesto de dinero); que tenga detalles (gesto de manejar automobil) y le guste la familia (gesticulando con los brazos un pene largo-y los músculos de los brazos). Sencilla y conforme la niña ¿eh?

La que traía blanquitos aquí era la hija de Norma. Hasta que un día, comiendo esa comidita tan buena que se cocina en ese 6B, a un muchacho de esos, se le oyó ese pecho. Como si nada, se lo tragó. Todos en silencio. Imagínate eso. Sonó de nuevo el pechaso y ella le dijo: "Eso se bota. Rubio, bota el pollo verde ese". El carajito fue y escupió en el fregadero. Para que fue eso. Nadie comío mas ese día. Tuvieron que cambiar el zink. Y adiós por siempre el invitar a nadie que no sea de nosotros.

Madrina, ¿por qué usted hace una lomita cuando se seca el arroz?
Oh mija, pa' que no se haga todo concón. Hay que buscársela siempre para que rindan más la comida.

Vilma, como ella dice, está creando y criando mujeres libres en el 4L. Mujeres de la vida. Contentas. Alegres.

Sus siete hijas saben rezar del rosario solo los misterios gozosos. Que vaina, ser de la vida, estar contenta y alegre casi siempre se dice que es el pecado mas antiguo que tiene perdón solo en la confesión. ¿A quien le creo?

Diantre se siente como un desquite somehow, oyendo esta música en cen dia, mientras voy pasando por Park Avenue en camino al trabajo. Siii se siente como: Me in your güiri güiri con mi mambo full.

Rita la del 1B en confesión me dijo:
La primera vez que yo vi de ahi ahi, en directo, de carne y hueso a un Español pensé que era medialengua.

Que se robaron un avion en Erre De. Ask me if I care.

Hoy fue su graduación. Hoy mismo dejó a Cruz. Ella fue la que lo puso en la escuela. Mantuvo la casa cortando hilacha en una factoría. El estudió muchísimos años. Primero aquí en Nueva York. Después vivió por mucho tiempo en Pittsburg. Se hizo un doctor, de los que no curan. Yo le pregunté qué curaba. Él me dijo que el alma. ¿Será poeta o chulo?

Yo te voy a decir, mejor así, que se separen. Porque en los últimos años él le estaba hablando de muchísimas gentes que Crucita no conocía. Pero esa gente sí sabía. Decía él. Esa gente siempre tenía la razón. Yo creo que eran las gentes que escribieron los libros que él leyó. Pero un graduado, graduada quiere. Eso es otra liga.

Aaaay. Agarré con la mano abierta y toda mi fuerza un cuchillo afilao que estaba en la olla con agua. Me ha cruzao la mano. Aaaay. Que frio siento en esa mano. Ay, yo no quiero perder mi mano. Ay ayudenme.

En el último piso está la que tiene "el apartamento más limpio del edificio". La gran América. Pero esa asquerosa, tira las fundas de basura por las ventanas todas las noches. Y caen reventá en el patio frente al laundry. Uno se entera hasta cuando ella tiene la luna, man. La América ensucia y arrumba en los espacios de los otros. Ella es la María Gargajo. La dueña del colmo. La que para freír un huevo lo lava y escupe el aceite para ver si está caliente.

Ese piso es el piso de La Junta, El Comité, Las vecinas sin Mily. El comité dice que si tú ves que sacan muchas fundas de basura de un apartamento, es que ahí la cosa está buena;

que el que niega un peo niega a un hijo; que no hay mujeres anchas sino hombres cabolin, con pilitas triple A, con la cosita tamaño pintalabio; que no hay hombre que diga siempre la verdad; que todo tiene un precio-remachan, que nada es gratis; que uno no puede ser ni muy muy, ni tan tan; que las únicas mujeres que mantienen un marido en la casa son las que se hacen de la vista gorda, las que hablan de sonsacadoras, que siempre entienden todo, a pesar de todo, que hagan todo pero que no la dejen, que no importa, que ellas son la de la casa, que ponen la boca como las mujeres de las fotos-así, así, frita y tostá. O hablan como mosquitas muertas. Que uno nunca dice lo que en verdad le gusta y le hace bien el jevo porque las otras te lo comienzan a mirar con eso en mente. Al hacerle ojos bonitos, el ni corto ni perezoso, como pulpo... Como siempre, decidiendo solo desde la cabecita... Igual lo hace él con sus amigos. No le dice lo que hay en los mañaneros, de medio-día, de prima noche o de nochecita, porque sino esos solo miran a la cosa, a la teta y a los ojos. Vienen con palabritas bonitas... ¡que nos enamoramos por los oídos! Tu amigo. ¿Tu amigo?

Que como estoy? Que como soy?
Buena.
Que como me va?
Bien.

En ese piso vive Yokasta. Ella dice que para saber si una mujer tiene plomo y es limpia, hay que cucutearle abajo. Pero abajo del zink de la cocina. Si la basura esta tapá y los detergentes, las fundas plásticas, y los cepillos de limpieza están en orden, esa es una mayimba de su casa. Pero que como todas las mujeres que son muy limpias y quisquillosas está desordená en la cabeza y en la popola. Que todo lo bueno engorda. Lo bueno te engorda por nueve meses, hasta que alumbres, te hagas la lipo, te pongas la pelota o el nudo en el estómago. La suerte es que Yokasta misma dice que con ella nunca se gana. Que si será ella una lotto o doña santa Francisca de los sábados. "Gorda, lo que no tengo de linda, lo tengo de chismosa".

Ahi ta´de boquita.

Aguacate con pan aceite verde y sal
Ex qui si to!!! Anytime.
Fosforos ready baby! Como dice Keisi.

Plenaria del Ni e'-Town Hall meeting a la Ni e'.
Ni e' Tink Tankers

En ese último piso, las mujeres y sus hijos saben qué decir y hacer para recibir todas las ayudas que al final le desayudan el alma.

Ellas conocen las agencias del barrio y las del gobierno. Le saben sus papeles, aplicaciones, formas, solicitudes y realidades. Saben muy bien que los que trabajan en esas agencias necesitan más ayuda que todas ellas juntas, diez veces más.

No sé cómo ser madre, no kidding, ay ven enséñame. Pero págame. Violencia. Asma. Doméstica. Depresión. El e' medio loquito. Esa muchachita, se me dio chiquita en la cabeza. Problemas de conducta. Estuvo anortao en sus primeros dos años de vida. Problemas de adaptación. Cagando verde. SSI. No jamaquee a ese muchacho tanto. Se va a dormir porque está mariao', no por sueño.

Me mataron a mi muchacho. Matan a los muchachos. Mi muchacho mató a alguien. Alguien mató a mi muchacho. No sangulutee a ese muchacho tanto. Baila un poco a ese muchacho. Con lluvia yo no mando muchacho mío a la escuela. Esa es mi tradición. Esa es mi costumbre.

Una pecosa que te pego de calcamonia.

Compro una mejora.

Sí, somos de azúcar. Nos derretimos.

¿Tu crees que si ahora dicen la misa en latín dejarán los curas de su vagamunderia? Si es así, que la digan en latín. Que uno no entenderá una cosa pero resolverá otra.

Mando una mudanza.

¿Tú vas para el desfile?

No, yo voy a la esquina. Al Rey del Mangú.

Como te ví vestida de bandera...
Oye, ¿los dueños de este país tienen desfile
también?
No. A esa gente tu no la ve en grupos no.
No conozco a nadie que salga de la
Universidad y salga bien de la cabeza. Saben
mucho de na´que le ayude a vivir. Estudian en
un ¨campus¨ y no cogen na de lo que saben los
campesinos. A mi que me registren.
Vista de malográ. Oido de tuberculosa.
Te doy un tabanón que singa la tierra.
Se casa la hija de tu vecina...óyele la bocasa a
la mai. No me jodas mucho que tengo permiso
de loca.
O mai ga.

Me botaron del trabajo aquí por las freaking
secretarías de allá. Mira, yo necesitaba
cambiar el pasaporte. Tuve que conseguir la
cédula nueva. Pero para conseguir la cédula
tuve que ir a buscar el acta de nacimiento.
Pero mi acta de nacimiento no estaba
en el folio. Ese libro se mojó en un ciclón.
Entonces tenía que ir a Santo Domingo. Desde
la capital me mandaron para San Pedro, donde
está la oficina regional. De ahí a La Romana de
nuevo. Suerte que el mudo de ahí habló por mi.
De La Romana de nuevo a San Pedro.
Te estoy diciendo, que todo este trámite lo
comencé el mismo día que llegué. Es más,
llegué directo del aeropuerto a la oficina. así

pasé mis 21 días de vacaciones, más dos meses mas. Estuve de oficina en oficina. Dándole cuarto a los buscones. Mirando a las secretarias hablar pleplas, cortarme los ojos y comprar Avon. Mirando a los hombres de esas oficinas estar sólo de cara de partido político. Todos con rabia, tirria acida a los residentes fuera del país. Todos queriendo ser residentes fuera del país. Se atreven a decirte que los únicos dominicanos son los que están en el suelo patrio. Tiran su acido mientras uno esta esperando. Si dices algo, rompen tus papeles. Le brincas…le arrancas la cabeza y te quedas allá de mala forma. Agriándote a cada segundo. Lo único bueno fue que comí chinas dulces toda la travesía mientras oía todas las guayabas habidas y por haber.

Yo no conozco a nadie que conozca a alguien que tenga una tarjetica con el escudo.

Antes de buscar trabajo aquí, ya apliqué para la ciudadanía. No me van a agarrar con eso de nuevo. Ofrejjjjjcome, cada vez que me recuerdo de esa procesión en el santo calvario, quiero dar golpe. Quiero llorar. La República Dominicana es diferente para los que están conectao.

Pero para mí y la gente como yo...

- Eso no es así. Ya ha cambiado. Ay mija, ahora todo está computarizado.

-¿Computarizaron el tumbe también? Computadoras en un pais sin electricidad. Guay.

- Ay ya. Que se te mete tu 24 de abril en la frente.

Carolina-Capital-la Apera del 4B no se cansa de decirnos campesinas der diantre, la Zona Colonial es más que el Alcázar. Mujeres, ahí vive gente. Ahí se goza. Ahí se bebe. Ahí se come. La Apera va a Erre De por lo menos 7 veces al año, ahora que su hija estudia allá en una universidad de ricos, donde está el nieto de no sé quién, que ella cree todos conocemos. Cada vez que va, visita a un médico extranjero que tiene un truquito, un aparato, una dieta, una computadora mágica que lee los secretos, un horóscopo que canta la lotería. En fin, el que te envuelve en suspiros tu propia negligencia para tumbarte la moneda.

Hay dos cosas que me han despertado, mentira tres: mi propio grajo, mi propio peo y ese marío mío puyándome.

Si se porta mal lo mando pa'llá.

Los hijos de Juana ya son americanos. Oye a estos recién llegao', que están aburridos. Palabrita que me jode oírla en los jóvenes. Que están aburridos. I'm bored. ¿Que se creen, que la vida es un carnaval?

Busquen oficio. Pónganse a leer. O no hagan na'. Carajo. ¿hay siempre que estar haciendo algo? Oooh pero bueno!

En verdad que en el Ni e´ no se llevan de nada. Ni jugar Floriconvento saben bien. Se nos dijo mil y una vez: que vayan y que vengan. Y que no se entretengan. Y mira, hoy mi abuela cumple 40 años que llego en Pan am.

Ví sólo el celaje. Ahí va la Frida para el rufo con el muchacho del cleaners. No, ella no se llama así. Ella se llama Amarilis pero como tiene las cejas como monte y entrecruzadas ... De su celaje solo vi las cejas.

Comadre, vamo' a ver vidrieras a la 34.

¿Al final se supo por que esa mujer mató a Selena?

Marta esta bien desubicá. Me ha regalado una foto del papa. El papa, a mí... Dame una postalita del Sagrado corazón de Jesus. Pero el papa...¿Que le digo? Mejor no digo na'

¿Qué le habrá pasado a Tamara en esta vida y en las otras? Toda su conversación tiene que ver con narices. Que si ancha-que si fina-que si chata-que si aguileña. Usa maquillaje en la nariz para que se le vea mas fina. Cuando está frente aun espejo o se está tomando una foto no respira para que no se le aviente la nariz. "Me veo más fina de este lado. De frente nooooo. De perfil completo tampoco. Asi". Ñatafobia compai.

Lo mínimo que se esperaba era que se pusiera extensiones. Eso jugó con una toalla en la cabeza como melena toda su infancia.

Como que medio dice. Y yo como que medio entiendo.

Is your name María Cristina?

El milagro. Otra vez veo el milagro. El Dominican Food Processor. Our human Cuisinart, en vivo y a todo color en el Mercado. El Moreno mollerú de diente de oro y fisnura en el rapeo, picando repollo. A mil. Lo que se dice a mil. Cortaditititito. Perfecto.

¡María Cristina!

Making a Yum Yum over nothing. Drop it Man. Drop it.

Me quieres gobernar. Ah?
No te sigo la corriente.

Aquí no hay novios porque no existen las paleteras. No existen novios porque no hay paleteras.

No. No pienso como tú. No. Pero eso no quiere decir que no te quiera.

- Una madre que se preocupa es una madre buena.
- Una buena vagamunda en olvido que ella fue joven.

Jesú. Esos ratoncitos en desespero, brincando en la pega, me jodieron la cabeza y el estómago. De ésta me meto a vegetariana como la freaking biológica del teclado.

El que hable primero se come una chúrria en una pizza de pepperoni.

Pero oye lo de Juan, él ahora quiere su espacio-como si él fuera gringo. Que se cuide...que los que quieren su espacio, algunas veces lo que encuentran es un esposo. Óyelo, que mejor vamos a hacer amigos. Yo se lo dije bien claro: Ta'bien. Arranca, pero no esperes que te lo voy a dar. Yo no me acuesto con mis amigos.
No, no tú no eres mi enemigo. Pero amigo mío tampoco...El amigo que me ve encuera. Ay coño.

Tengo un antojo comadre. Si, si de un pancito de agua o pan sobao con mantequilla.
Aquí por eso no lo pierde comadre.
Vamos a la bakery.
Yo también me voy a comer uno. Pero yo quiero pan italiano o francés con salsa de tomate.

Yo quiero más y más y más a mi hijo, porque con su papá la cama fue siempre caramelo. No le hablo mal ni maltrato a ese muchachito ni loca. Ese fue bien gozao.
Me pagaron por adelantado el beibi sitting de por vida.

Diantre, hoy un polvo me llevó sin escala a mi pueblo. Leche en polvo, mal pensaaado.
Primera vez que se me viene el pasado así, con todo el sabor del ayer. Me comí tres cucharadas de leche en polvo y me transporté. Hasta me pareció ver la caja, "Alianza para el progreso". Esto es grave. Ojalá y yo no lo coja de vicio. En él se ensuelva. Sobre viva coso.

El que visite el Faro a Colón es desde ahora y por siempre un mojón.

Cooooño me di un ñemaso en medio de la canilla. Eso si dueeeele. Toy privá.

Las mujeres de las islas no nadan.
Las pobres no nadamos.

Ni en la vida. Ni en el agua.
Así tu te das cuenta quien tuvo dinero.
Si. Las mujeres de los que tienen algo más que trabajo, siempre han aprendido a nadar chiquitas. Tiene que haber un cuento que diga que en un lugar con la mancha, con la mancha de plátano, de cuyos nombres yo tengo mis nombres, una mujer pobrecita, pobrecita, pobrecita muy muy pobrecita, aprendió a nadar después de casi ahogarse siete veces en el intento. Nadó y nadó y nadó hasta llegar a una isla donde estaba una fundita que tenía una palabrita adentro. Repetir esa palabrita era lo único que se necesitaba para vivir en todas las vidas, con todo lo necesario, deseado y soñado. La pobrecita se hizo poderosa. Pero no comenzó la escuela de natación para las otras pobrecitas. Temiéndole a la competencia; para que no "le robaran los trucos". Para no cansarte el cuento, esos trucos les pertenecían a todos. Entonces la dueña de todas las funditas y todas las palabritas, le está enseñando a las pobrecitas de las islas a nadar en tierra. Una a una. Sin mensajero. Sin traductor. Sin reventa. Sin mediante.
Ella les enseña a nadar caminando. Ellas se convierten en todos los océanos. Ellas son todos los ríos. Sin empaparse de una gota de agua. Llegan a ver como nada el alma. Ella les está enseñando a bailar. A decirlo todo en silencio. A estar sin pena en su Ni e'. A cambiarse y así a cambiarlo todo.

Uuuuy, fui el caballo de una poeta que cuenta cuentos.
No entendí nada de lo que dijo. Un poeta me montó. El caballo no entiende ni recuerda lo que dijo el poeta. Contó otro cuento. Yo también lo monté. Monta bien el poeta. I mean, dice bien.
Dice bueno el poeta. Me puso a volar. Que diga, a nadar.

El caso de María la pinta es fuerte.
Treinta años trabajando dos trabajos o dos empleos de trabajo pesao. Compró casa allá en una urbanización de ricos. De los ricos poderosos. Porque ella "no iba a vivir en barrios". Ella "sí había progresado graduando muchos hijos en universidades de aquí".
Solo hace 7 meses que se mudó. Ya la hicieron salir de ahí. Viene mañana. Se va a quedar conmigo, hasta que le consigamos un apartamento aquí con los menos poderosos, los que dizque no hemos progresado.
Es que yo con cuartos no me mudo donde viven esos mojanasos.
Ahí está el problema de nosotros los pobres. Conseguimos unos chelitos y creemos que somos del otro bando.
Queremos vivir como ellos dicen que es buen vivir. Siempre será: ellos y nosotros. Así tus hijos sean profesionales, se hayan casado con extranjeros, te hayas ganado la loto ó tenga tus buenos ahorros.

-El mal comío no piensa.
-Y el bien comío, bien roba.

En la debacle tu vera dominicano ¨naturalizado¨
buscando asilo en el consulado de Erre De.
Todos a regresar de la frontera pa´bajo.

Ahora quieren hacer hijos sin cama. Ahí no voy
yo. Oye lo de ahora. Aquí andan inventando
hijos sin frescuras.
¿Tu no me crees?
Eso salió en la noticia. Sólo a estos se les
ocurre. Con tanto problemas que dan los
muchachos en la criadera y ahora ni 'guto en la
creadera'.–Evolución-reproducción-producción-
¿Y el palo gustoso donde me lo dejan? ¿En un
laboratorio? Suerte que por fin vamos a ganar
los pobres, en algo. Seguiremos haciendo
muchachos de la forma más vieja, menos
costosa. Sabrosa.

Aquí llego, pónganse sus gafas. Aquí está la
reina del blinblineo. Nada más y nada menos
que nuestra propia barajita: Yadira, la hija de
Juana 809 y Juanjo 787.
"Wassup babe".

Resulta y viene a hacer, que se ganó par de cuernos el bordante-marido mío. Mira, dizque comprometido allá. Encontré fotos y hasta cartas con muchos corazoncitos. Un jodío hombre que no puede ni con él y conmigo menos. La traerá a vivir a un cuarto.

Verbena-Kermesse-café-Boite-discoteca-colmadón.

Este país es el diablo. Aquí no hay que esperar la temporada de nada. Aquí hay aguacate todo el año.
Sigue durmiendo de ese lao', hasta que nos pasen factura. El niño. La niña.
Chuiiio. ¿Tan chiquitos van a mandar un bill esos niños?
Jajajaj just kidding.
En verdad tu sabes tanto que no vas a poder vivir ni morir tranquila. Ay muchacha, si sigues así, te veo triste mai.

Ahora todo es un mega show. Todo el mundaso tiene que ser famoso. Los médicos, los políticos, los atletas, los artistas, los contables, los profesores, los curas. Todo er' mundaso. Mira al otro, ni lo firmaron por estar en todo menos en lo de él. Están todos como el arroz blanco. Mira el anuncio que tiene el médico de la esquina: "como lo vio en televisión". Dime, dime, que tiene que ver una cosa con otra. Que me importa a mí lo que se dice en la televisión. Todo el mundo quiere ser famoso. Los famosos quieren ser famosos, cobrar por eso y que lo dejen vivir su "privacidad". Esto sí que le quedo bien. Que lo sigan esperando sentaditos, así no se cansan. Calladitos se ven mas bonitos. Las profecías.

En el verano tú me tienes ahí sentada con el flaco viendo sus juegos de pelota. Él cree que yo sé lo que es un inning, un strike, un out. Chuiiiio, yo me quedo ahí mirándole esas nalgotas y los paquetones arreglao en suspensorios a esos peloteros. Ofréjjcome y yo comiendo vacío.

Yo no entiendo. De verdad que no entiendo. Esta gente para hacer una sopa le tiene que echar una sopa. El infamous stock. En caldo para hacer caldo. Esas aguas tindangas tienen una sopa antes de ser sopas. Eplicame eto. Eso es de gente que nunca han visto un platano en su niñez ni en sueño. Un caldo…para hacer un caldo. Ay mi chelito.

De la última Fiestas Patronales que yo fui, me queda solo una foto con Hilda Saldaña y El Negro Plebe.

Yo recogí muchísimas firmas para los electos. Pero aquí esos no dan ni funditas, ni good mornings.

Esta ciudad es la universidad de la vida.
Aquí aprende o te prendes.

Que bueno que ya no se usa eso de que si te
duele una muela te la sacas. O que a las
muchachitas se le curten las rodillas... esas
condená ya no juegan muñecas en el piso.
Desde muy chiquitas bailan el perrito, juegan
con los muchachitos. Solo quieren ser artistas
de televisión, farándula y sus reality shows.

Yo no se lo fío, ni se doy gratis a ningún varón.
Si tú lo haces no te valoran. ¿Qué, eso no es lo
que somos?
Un hoyito, un paquete, el desahogo, el boquete
pa' vaciase? Pues coño por eso se paga.

Oigan ésta, mi mamá me mandó a asustar a
los víveres. Cuantas vainas nos inventamos
nosotros los dominicanos.

Mi primer novio me prohibía sacarme las cejas
y cortarme los moños. Pero no es por eso que
yo me recorto así bajito. Es que es más fácil y
así tengo más tiempo para hacer na'. Además,
cada vez que me recorto, a mí y al moreno se
nos mete una putería. Yo no entiendo. Pero lo
único que queremos es estar gabiao.

Me afeitaba y ahora me tatué las cejas. Ahora pareco' un cuero. ¿Pero quién pone caso hoy a las vainas del primer novio? Esas son vainas de muchachos haciéndose hombre. En paz descanse el susodicho, que no dejo que mi vida corrollera. En primavera. Como si no supiera…

A las mujeres de allá nos conviene estar aquí. Ese es un país pa' hombres o mujeres vive bien.
¿Cómo así?
¿Oh? cocinar es pasarse todo el día en la cocina; resolver lo del agua, lo de la luz, la comida, pico y pala, los muchachos, pela y pela, las queridas, vela y vela, los tígueres, fuñen-fu- ñen y los ladrones. ¿Sigo? Además aquí si es fácil ser dominicana. Los plátanos y todos los víveres de allá aquí se consiguen ma' bonito.
Eso no es así ya.
¿Para quién no es así ahora?
O mai ga.

A mí no. A mi que ningún hombre me de cuarto. Se me azara y después se descuida en la singadera. Quiere mas cocinadera, fregadera. Y la jangueadera, él solo. No beibi, nos vamos to' pa' la calle.
Pero tu país es tu país. Sea lo que sea. El terruño que te vio nacer.
Oye a la patriota, la 27 de febrero casi esquina

Dyckman, en los Sures, Grand Concourse con Northern Boulevard. Sí de ahí soy yo ¿De Northern Boulevard?
Noooo, de Quisqueya la bella. La de mis amores. La de las flores. Pero no te puedo decir, que no me dio y da mis dolores.
Sí ese es MI país. Pero todas las tierras son hermosas como la mía. Algunas bañadas por mares otras arropadas por montañas. Mi perla sin luz.

Somos pobres. Pero no lo digas.

E' ma', yo voy a regresar a vivir al país cuando Oprah no diga lo que le regala a los pobres y ella y la Martha Steward pongan a otras personas en las portadas de sus revistas.
Da'si'.
LOL

¿Tú sabes cuando una mujer está en la olla? cuando no tiene ni pa' la camelia. Ya ahí son vainas mayores.
Olla big time. Big time olla.
Somos pobres pero limpios. Limpios y laboriosos.
¿Todavía tú quieres que te entierren allá? Tú sabes que te pueden dejar encuera en la caja o sacarte de la caja y venderla. Eso allá está color de hormiga brava muchacha.
Si si, que me entierren allá. Que me encueren en la caja. Ya me encueraron viva.

Entonces naces y mueres allá. La vida entre cagadera de carajita y viejita está en otra parte. Que fuerte. No e' fácil no.

A mi me gusta mucho la Di Ar de aquí. Cada quien la vive, con viva emoción, a su propio pulmón.
Allá ya está así. Mira uno sale a trabajar y no regresa hasta la noche. Como aquí.
Oye a esta. ¿Y eso fue lo que ganamos?
Un nueva York chiquito. No jodimo.

Vieron el glamour de Aunt Jemima, el negrito de la harina y el Viejo de la avena quaker? Te toy diciendo. Eto se jodio. Fotochop pa' to.

¿Y ese mijijito es el novio? Dique que no importa porque el es blanco. Benitín y Eneas, compai.

Dejen de decir tanto que allá esto, que allá lo otro. Se dice tanto la misma vaina que ya es verdad. Le hemos dejao el país a los vive bien, a los politiquitos, a los que no consiguen visa, a los tígueres, a los viejos y a los turistas singuitas enfermos .

Ay comadre bajé para acá a ver si ese jodío hombre se duerme. Ahí está boca arriba, ya tú sabes. Ese no respeta luna ni que los muchachos estén despiertos. Me tiene seca, deflecá. Si fuera por él, me lo pusiera cinco veces al día.

Loco, ya no prestan dinero.
No se encuentra una de las afamadas 100.000 vírgenes.

Ahora están de moda los cup cakes en NY. Y las chinchas.

Gente, mi país, mi casa, mis cuatro paredes están donde yo esté tranquila. Donde no me hablen duro. Donde no molesto ni me molestan.

Yo no resisto las medias finas. Se me entra una piquiña en las piernas.

¿Tú crees que yo lo tengo en una oreja ó en la frente?
A mí solo me gusta como canta ese hombre. Pero no me lo tiraría. ¿Quién ha dicho que lo famoso te pone hermoso?
Ay no manita, los cuartos ponen bello a cualquiera.
Chuiiio. Y e'facil.

¨Buscando en el baúl de los recuerdos, cualquier tiempo pasado nos parece mejor...¨
Oye a la otra. Siempre en el pasado.

Acabo de regresar de Erre De. Me dijeron eso mismito. Que me quede en el pasado. Que si el país no es lo mismo de como lo deje. Excuse me? Solo deje caer tres pasaditas:
La luz-el agua y las oficinas públicas. Lo mismito que hace 25 años. Comete esa hasta que te pelo la otra.

Estos son mis tiempos. Los adoro.
Un pelotero puede recomendar a un banco.
Unas mujeres que nunca han lavao ni un par de medias, te quieren 'epetar un detergente. La moral se predica en la televisión. Y la predica sobre Dios va en la radio y en el Internet.
Esto es chulísimo. Solidísimo. Solidísisimo como puré de papas con mucho aceite verde.
Amarillo en boca e' viejo. Todo se puede. Todo.
Estos son mis tiempos. Se vende hasta la guiñá de un ojo. Si haces una cosa bien, ya eres experto en todas las otras.
En oferta. Donde dice Sale yo entro.
Two for one. One for many. Estos son mis tiempos.
¿Y a esta qué le paso?
Recordó de nuevo los cuartos que perdió en la financiera. Es luna llena. Ella se llena de los recuerdos del tumbe solo en luna llena. Ya lo sabes.

Mire coño, se juntarán la República Dominicana y la República de Haití en un solo país después que se unan los Estados Unidos Mexicanos y los Estados Unidos de Norte América. Cuando España y Marruecos sean un solo país. Mister, güey, con zetas, con o sin rey. Comiencen primero ustedes, lo sabiondos, los mandamás, los dueños de la bolita. Si, comiencen ustedes. Si, vámonos a juntarnos to´. Enseñen como se hace.

Te lo digo porque yo vivo allá. Sé cómo es la vaina. Cada quien quiere tener su país. Sea el que sea. Estoy aquí solo visitando a mi prima . Mi novio es haitiano. El sabe español, alemán, inglés, creole y francés. Yo solo hablo español. El negrea igual o mas que todos nosotros. Me dijo que el dia que yo no me haga el tinte rubio, me deja.

Lo que siempre digo es que los haitianos si quieren nos pueden vender en creole. Darnos a cargar los cuartos. Y no nos damos ni cuenta. Esa ventaja nos llevan. Hablan lo de ellos y los que dizque es de nosotros. Para mi ese es el problema mas grande. Imagino que si juntan los países, para ¨evitar problemas¨, gobernaran en ingles el nuevo estado libre asociado. Ni creole ni español. Pídanle los cuartos a los dictadores y los otros presidentes de ahí. Con eso comerían mucha gente. ¿Para qué mas guardias con cólera y rifles? Y ahora con el hijo de Duvalier de nuevo a la cabeza. Hay que callarse. Lo que uno ve no es en verdad lo que es.

Yo no te puedo decir que me hace falta la lluvia en zinc. Yo oía más la orquesta de la cubeta, la bacinilla, la olla, los jarritos para bregar con el llueve adentro y escampa afuera...

Aprende el difícil morena, para que se te haga mas fácil.

Es a ella que hay que darle. A ella y a todas como ellas. Oh pero bueeeno. Estas madres de ahora son las reinas del praising praising praising-my kids are thebestbrightesttallestmost beautifulmosthandsomemostthismostthat. Y la cara de los hijos con la mascara del personaje que ellos saben que sus padres quieren oir. Oye a mi hija cantando. Canta mami. Mira como esa muchachita baila. Tiene ritmo. Baila cada cancion diferente.

Pobres. La verdad que se quiere ver forzada, dura solo con tingos.

Quien está en el baño hace poco que comió espárragos. ¡Mil a mí!

Oye, una sirena siempre aqui.

Esto no es un reality show. Este es el show de la reality. (Dicho como anunciador de radio AM).

Yo no me quejo de mi crianza allá: que si mi papá nunca estuvo en la casa; que si no conocí a mis tíos... no, yo no. Porque las pocas veces que los vi siempre había problemas, peleas, borrachera. Entonces, no hay queja por sus ausencias. Eso fue Dio', librándome de vainas mayores.

-Ustedes que tienen tanto tiempo viviendo aquí...¿cómo se botan los pantis viejos aquí en los países?
-Depende. Depende si eran los del uso diario, de domingo, pa'la luna, de viajar, para ir al medico, pa' dormir o si te lo regalo tu ahora "fue marido mío o el mas chulo de mis varones. Como todo en la vida, depende"
-Pícalo, ripéalo, quémalo o enmárcalo como medalla. Como todo en la vida, depende.

Mi varón no es muy dotado en su parte que digamos, pero con lo que tiene hace maravillas. Sus dedos son de o ro ro y su lengua de diaman te te. Yo me llevo de los hom bre bre...con su palabrita dul ce ce...

Estás hablando con una ciudadana manita. Acabo de juramentarme. Ya lo sabes.

American idol nunca se ha presentado en mi
televisión. Ni se presentará. Doesn't move me.
Eso e' ensayao.

¡Fó coño, que frío que jiede!

Somos pobres pero no lo parecemos.

¡TANIBOL¡ Donde se para esta vaina.

¿Cuándo es que vamos a dejar de coger tanto
guto, de gozar tanto? Que se pare el mambo
por un ratico coño.

Óyelo orondo, presentando a sus hijas que
tocan flauta y violín. Pero quien resolvió
siempre fue Wilfrido: renta, doctores-medicaid,
ropa y cupones. Así si e' fácil se pai.

-Déjenme darle el secret del secret. Déjenme
decirle como trabaja la ley de atracción. Se
trabaja duro y entonces se recibe mucho.
Después te parten con los taxes.
-pero si los taxes se usan para las vainas que
se necesitan, ta' bien. Yo gano. Tu ganas.
Todos ganamos. Como dice el anuncio.
-Hay muchacha...ya. La mediadora...la
cívica...ya, ya, ya.

Señores miren a la flaca, muy a go-gó, ye-yé.
Hasta con botas y un bandó. Se le escapó a las
Mosquitas.

¡Oh¡ y la greñúa con un baja y mama. Con los gritos pasados de la moda. Con la moda pasada, que da gritos. ¡Guay! Ooooo mai ga.

Carajo me hice ciudadana hace una semana y ya me mandaron a buscar para jury duty. Yo le hacía mucha falta a este país. Me van a sacar el jugo por el pasaportecito azul marino ese.

-Que se pare el mambo pa'ti. ¿Tú quieres ser europea?
*¿Qué? Que toyo de respuesta es esa. Tendría que nacer de nuevo. La que tiene su casa como catálogo de IKEA eres tu, anyway. ¿Entonces que siga siempre el mambo? Según tú estamos bien.

Bueno, yo estoy muy agradecida de haber nacido en este lado del mundo. En ERRE DE, papá. Yo he visto muchos documentales de esas gentes de por alla. Ay no, que no me corten de mi cosa la partecita que me da guto; que no me obliguen a ponerme esas vainas en la cabeza; que no me maten a pedrá limpia por lo que dice un pendejo que es pecado; o que me entierren viva cuando mi marido se muera. Ay no. No hay honor de familia, país ni ningún

Dios que se respete, que pueda seriamente seguir con semejante vaina. Dique un varon decidiendo esas vainas a nombre de la moral de la mujer. Si se cambian las galaxias, ¿no se van a cambian las tradiciones? Please. Get a grip on it brother. ¿Te peinas o te haces rolos?

Ooooh, mi blackberry es un zapote. BiBiZi ¿Y el tuyo?
Un cajuilito solimán en la mañana, una mandarina en la tardecita.
Y una mezcla de ponceré-jobo y limoncillo en la noche. ¿gané?
Blackberry cojones.

Los tiempos cambian. Qué bueno. Hasta las camelias tienen alas, gelatinas y olor a manzanilla. Esas son las camelias, contima' uno. Ya los micrófonos no chillan cuando están en el uno, dos, tres probando.
Pero ese maquillaje que usan pa' los muertos ta' fuerte.
Ni muertos no quieren dejar la cara como somos.
Diantre viniste del left field.

Voté por Obama porque parece de allá. No sé que hará cuando sea presidente. No estoy esperando nada. Ningun reparation check. Ningun justicia y balance. Pero yo voté por él solo porque se parece a mí. Igualito a mí.

-Yo estoy peor. Voté por él porque me gusta como varón. Con su camisa arremangá al codo...uuuy. Cuando aprieta esa boca negra...yo le creo todo.

Yo seré su intern. Que le quede bien claro, no voy a guardar ningún vestido azul. Obama papi. Obama, coño.

¿Que es lo que va a cambiar? El será moreno pero es americano. Si tú no recuerdas esto, estas mamándote el deo todavia. Pero a mí se me importa. Yo creo que es actor. Como todos los políticos. Actores farandulero.

-Ese tigere 'ta buenisimo. Flaquito. Con una sonrisa. Unas manoootas. No le he visto los pies todavía. Hay papá.

Ademas, de noche en la Casa Blanca habrá una mujer con rolos y redecillas; pañuelo o tubi. Como en la mia. Esa mujer tiene que estar en el tibiritabara siempre. Así que necesita amoldarse los moños. Eso es lo unico que en verdad se ha incluido en el poder para mí. Ojala y le de trabajo a una dominicana para que le bregue los moños. We the people. We the people que alisa hasta los pensamientos del kinky, seriamos los más indicados para ponerla como china. Que le den trabajo a una de esas diablas del blower. Antes de que lo saquen ma´rapido que de carrera y con la reputación como la de la Kay.

La boca y la boquita me la atiendo allá. Me pusieron una corona, la T de cobre, me sacaron la muela del juicio, papanicolau por el módico precio de novecientos Dolores. Si, pagué en dólares. Salí de caja, nuevecita, virgencita de nuevo. Estoy para besar y para que me coman. Yo no le tengo confianza a esos doctores que yo no entiendo.

Ríanse de esta, el marío de Kenia dice que el es un exiliado político. No expulsado económico y de tán bajo nivel cultural como todas las de este edificio. Baboso. Imagino que pronto va a decir que es un refugiado ambiental. Para conseguirse lo suyo en el show de Naciones Unidas-eco-calentamiento-los polos y los osos. Otra ONG.

Muchachita e' miérquina, no tienes que hacerlo todo, probarlo todo, pasar por todo. Deja que un día te cuenten algo.
Conviértete solo en oído, así sea una sola vez mi hija.

Mis hijos solo hablan su inglés. La ropa no se les gasta. La dejan nuevecita. Yo no le he encontrado un roto en L. Es que de verdad son Americanos.

Yo puedo amanecer con una cantaleta y sigo jode que jode toda la mañana, la tarde y hasta la noche. Pero a la hora de acostarme, si el susodicho va a amanecer aquí, me tiene que salir algo. Él me tiene que dar lo mío. Una cosa no va con la otra. La peleadera se hace pará. Acostao es otra cosa. Que me sobe la espalda, que me agarre una teta, que me chupe un codo, que me bese los hombros, que me coma o que me de mi pedazo. En otras palabras, que me salga algo, seré yo coño un palo, ahí parquiao. O será esto una pensión.

Coooooooño, de nuevo se averió la fokin' boila. No, no hay agua caliente.
Que pique man, a tibiar agua para bañar a los muchachos con jarritos. Eta vaina me persigue, no joda. Yo debo ser el fucú.

¿Los regalos de christmas pa' los hombres casi siempre son dos pares de medias negras o pañuelos blancos? Diantre...ta' fuerte.

Mírala, mírala bailando, mírala privando de que ta' muy buena, que es muy fina... tiene un pedazote de verdura en los dientes y fumando con las nalgas. Nadie le dice na' pa' que pase su buen apuro, su vergonzota, la come con cuchara esa. Eso es señal de que no tiene amigos.

Ay tú, a mí me gusta ese hombre pero no lo quiero.

O Maaaaai ga.

Si tú quieres que se beba esa leche, cuélasela. Si le siente nata vomita. Gomita. Vomita gomita.
¿Es una enfermedad, una ofensa, un crimen ser pobre?
¿Y cómo se dice nata en inglés? Nita¡¡¡ Somos una comunidad de trabajadores, muy trabajadores.
¿Nosotros pobres? ¿Dónde? Nosotros los pobres ricos pobres.
Welfare y chiripera aquí. Allá yo soy Doña Marta, con yipeta y muchacha.
¿Nata? Nita.
Yo sólo paso la leche en la harina de negrito. Yo a ese hombre lo amo pero no me gusta ni un chin, ay no! Zafa! E' como pendejón, e' poquito, bruto, barrigón y habla siempre tanta mierda. Solo lo amo. Si, yo lo amo. Yo lo amo pero sé que él no es el amor.

A mi coño nadie me representa. Ningún gobierno. Ningún habla bonito. Ningún doctor. Licenciado. Ni actor. Ni ningún político. Ni mi marío. Mire coooooño. Yo me represento sola. Usted se representa usted. ¿Qué pasa si no te pagan? ¿Tú sigues en la jodienda de la representación? ¿Usted está en eso por lo suyo licenciado? Dejémolo ahí.

Ay tú, cuando se moría alguien en el pueblo, yo no pasaba ni por la acera de la casa del difunto. Yo creía que la muerte se pegaba.

¿Se desapareció esa muchacha que trabajaba en el show del mediodía? La del pelo largo. ¿Cómo se llamaba? Dotel era el apellido. No me recuerdo del nombre. ¿Cómo era el nombre?

Se acabó el mundo con el Y2K. Se creo de nuevo el mundo el 11/11/11. Se va a acabar de nuevo en el 2012. Esto es de nunca acabar. Esto siempre sigue. Acabandose.

Demos gracias al Señor Dios.
Es justo y necesario.

¿Topo Gigio, donde estas?

Muchachonas, ¿ustedes ya conocieron al famoso hombre indio, alto, de buena posición que siempre salía en la lectura de tazas? Solo nos salió el viaje. El mío sin regreso. No vine para regresar. No estoy allá para irme.

Yo no le prendo una vela a ningún santo ni santa pa' que me amarre a ningún tigere. Las velas no dan coco mordam. Deja que me deje. Eso no e' na. La pena se pasa. Todo tiene un final. Que vaina e'.

Te pasaste celebrándome cómo bailaba el perrito a los 4 años. ¿Que quieres que baile ahora, tango, cha cha chá? Perreo, perreo. Perrea papi perrea. Que cuerda con mi mama man.

¿Y tú crees que estás en la vida para ser felizzzzzz? Wake up. Wake the fuck up. The Cinderella shit ain't happening. Sorry to break your bubble. Sorry to break your Disneyland.

¿Cuál fue la vacuna que nos pusieron a todas, que nos dejaron marcada, tatuadas, estampadas en el brazo izquierdo? Estaban pasá. Eso era otro experimento.
Esa si es la bandera. Esa cicatriz algunas veces tiene cara de jobo, ahí en los brazotes nuestros. Pero ¿Cuál fue la epidemia de la que nos libraron? O ¿cuál fue el veneno que nos pusieron? ¿A quién se le compro esa vacuna? ¿Quién vendió esas vacunas?

¿Quién mató a Quiko García? La marrrrdita...

No se te ocurra...

no se te ocurra llamarle with-with. Aquí le dicen hard rice al concón.
¿Tu crees que el concón da cáncer?
No hubiera uno de nosotros vivo.

La. Lala la mujer. Lala la mujer del súper. Lala la mujer del super lee la la la revista Luz. Yo no sabía que eso todavía existía. Ahora me me me desayuno.

¿En qué siglo y mundo estamos, qué ahorcaron a ese hombre por vainas que hacen todos los presidentes en todos los países?
Ponerlo en el Internet se les paso de la raya man.
Al otro y a sus hijos. Por oro negro. Y dique al del turbante.

Levantemos el corazón.
Lo tenemos levantado hacia el Señor.

En Nueva York se casan los gays. ¿Y en el Nueva Yol chiquito?
KINKAN.

El Rio Nilo canto. La tierra sigue temblando. El mar viene po r lo de el. Iceland si que la sacó del parque. Occupy. Occupai. Occupy to´hasta desocupar. Pal' Parque Independencia. Pa la Plaza de la Bandera. En cada parque Duarte del pais. No al paquetazo. No al Codigo Penal. No a la corrupcion. No, carajo!

En verdad que uno se olvida de todo.
Si no es porque me sueño que iba en el tren 2
para Brooklyn a visitar a mi hermana en un
invierno raro...no me hubiera recordado de que
los trenes eran verde olivo. Si, el sueño era
raro, la gente estaba vestida de blanco. El
graffiti flotaba. En ese tiempo se pagaba 15
centavos por un tokincito chiquito. Ganábamos
83 dólares a la semana, con el overtime.

¿Tú sabes cómo se dice grajo en inglés? B.O.
Oye, dique B.O. Si fuera grajitis, grajetion o
grejis me hiciera sentido. Pero B.O...

Raisa no bajó porque el que la factura está allá.
A él no le gusta que se junte conmigo porque
yo ique la pervierto. Oye...ratón, gata y lobo.
Ella es la loba. Yo una ratona.

Se están mudando muchos gringos al barrio.
Vamos a comenzar a enseñarles el idioma.
Comenzamos-we start-with a very important
sound Phonics for you rubio.
Read in English Tea To A (as in apple)
Repeat after me   Tea To A   TITUA!!!!
For homework research the word Derriengue.
Let me give you a hint: Derriengue is the
prelude to Deguañinge. As Ta to is The Way.
Main character/related search: Juanita Morel.

El mismo lio de siempre. Ahi va otra vez. Encontro un pelo en la comida. Se lo encontro en la boca. Hace un show de madre. Showsero. Jondiandolo to´. Se le metió una vaina mala. Mire coñaso, anoche te paso lo mismo. Te encontraste un pelo en la boca. Te lo sacaste y seguiste comiendome. Que mardita vaina e´. Siiii siii siii un pelo. Unpelo. Un pelo. Gran vaina.

Me metí en Facebook para hacerme amiga de mis hijos. No los conozco. Tienen hijos. Otra familia. Se toman fotos de ellos mismos todos los dias. Y los dedos de la mano parece que se les pasmaron. Pero son las mismas fotos de los hijos de mis amigas. Se creen que tan en algo y son unos copiones. Copiandose de los morenos. Que sigan ahí. Y no doblen.

Bellow some tags and trigger words for the engine searching for me:
York Dominican, Dominican York, York Dominican York, dominicanyorkness, DominicanYorknity, Dominicanyorking, Yorkdominicania, Yorkdominicanyorkneo, Dominicanyorkiando, Dominicanyorkinidad.

Yo no me explico esta vaina de la mamografía. Uno va con quistes y le aplastan las tetas. Lo que tenías se regó. Veldá. Ahora sí hay cáncer. Antes estaba en su fundita. Eso es de sentido común. Esa vaina se la inventó un verdugo.

Esa aplanadora de tetas, de verdad que se la invento un carnicero. Aplicharle las tetas a uno así...eso no cura. Yo no me curo con dolor. Lo de moño bonito aguanta jalones no se vale con las tetas. ¿Velda?

Solamente hay que estar vivo para uno ver la cara y el respaldo. Ofrejjjcome. La vida es la universidad.

¿Ustedes se recuerdan del flaco con quien yo me daba lengua en todos los lugares? Me acabo de enterar que es padre en una iglesia de Queens. Ese tipo era sabroso. Tenía unas mañas buenísimas. Le gustaba que cocinara encuera, con tacos y pulseras. Abrazaba bueno y cuando besaba acababa con una mordidita. Yo comía de sus manos. Me tenía en sus bolsillos por sus chulerías. Así cualquiera. Bien gozao se reza bien. Yo quiero ir a confesarme con él. Que me confirme. Que me ponga hasta los santos óleos.
Oooo mai Gaaaaaaa.

Que levante la mano el dominicano quien sepa en verdad la diferencia entre hacer una pregunta y hacer un comentario.

-A mí sí me gusta esa muchacha para él. Como que tiene don de gente. La otra con su cara rubia y su risita rubia de que ella es buena... Esta se puso la bocota igual a nosotras y hasta parió su hija en Africa. Ay sí, a mi me simpatiza mucho ella.

-A mí esas dos mojonas me tienen sin cuidao. Él es el que me gusta. Con esa nalgota, coño. Pa' darle su nalgaita ahí. Brad got back beibi. Como ella tiene metío un adoptar muchacho ajeno, yo quisiera que viniera y se llevara los tres macacos míos. Con esos si empata y se le acaba el glamour. Hasta la boca se le desinfla. Ahora hay que joderse. Ahora hay que ver a los hijos del tíguere Tiger crecer. El Tiger en tigeraje con un truck de leventes. Si ves a los hijos de los famosos dejas de reírle las gracias de tus propios hijos. Siguiendo la vida de esos mojanazos y sus caquitas. La cachora del tiger...los mellizos de esta, los de la otra, matrimonio, cuernos, divorcio dame-to lo mío, cáncer, muerte...Yo me alegro por ellos. Que tengan sus riquezas...sus aviones privados... Pero ya salgan de mis ojos. Si será posible...es como que esas famosas ahora inventaron rapar, preñarse y parir. Jaaai coño.

Él me dejó por una muchachita que aunque yo le digo el cueraso ese, es verdad que está ma' buena que yo. Le doy su palo pie cada vez que viene por aquí. Me esmero. Ay Dio', ahora en competencia con un grillo. El que sale ganando siempre es él. Anoche se le zafó decirme que estas muchachitas meten mano como bailan esa música que bailan ahora. Tú sabe, que eso en la cama no trabaja. Se le sale el pasajero. Eso no es así. Eso es otro ritmo. Pero ese parigüayo sigue en su disparate para creerse que gusta todavía. La vieja y la carajita multiplicándole todos los números habidos y por haber, solo para ique amarrarlo. Que relajo ma' pendejo. Todo para nada. Dejando muchas noches en blanco y más días en babia.

Salio el Bolt a to' fuete. Las olimpiadas se llamó Jamaica. PA despues meterlo en muchos lios. Pa' desconsiderarlo. But ¨if you want to see tears, sorry. I wont'cry¨.

Yo hoy en KINKAN mode.

Nosotras estamos llenas vida; por eso nos contradecimos tanto; por eso somos tan imperfectas; por eso gozamos tanto, carajo. Hace mucho tiempo, yo leí algo así en la revista Hablemos. Me acuerdo como ahora. Yo estaba muchachoncita, todavía Señorita. Iba al instituto de mecanografía y taquigrafía.

Soy la unica en este batey central llamado
Manjatan que tiene una nevera bombolona.
Eso es una nevera. Mi abuela tenia una asi.

Le dicen los piratas. Los piratas de Somalia.
Quisiera oír que dicen ellos de ellos. Quisiera
saber mas de los piratas de Somalia que su
quirinismo, chercha y maldad. Tan dao al
pecao esos falquitos. Secuestrando gente.
Pidiendo millones. Pero el malo no es solo
malo. Se habla de las carreteras y mas
cemento de Balaguer y la no deuda de Trujillo.
Si. Yo quiero oir que dicen ellos de ellos
mismos.

Berrón es ique Bay Rum.

Mira buena aguá, saca mi nombre de tu
freezer.

Trivia Geografia en el Ni e´

De donde son y a quienes les dicen:

1 Te cambio mis playas por tus dolares
2 Te cambio mis dolares por tus mujeres y
   hombres
3 Te cambio mis mujeres y hombres por
   tus blancos y blancas
4 Te cambio mis blancos por tus negro
5 Te cambio mi libertad por tu ciudadania
6 Te cambio mi navidad por tu libertad

7 Te cambio mi libertad por poder ir a un medico

8 Te cambio mi libertad por ir a la escuela

9 Te cambio mi escuela por tus entradas y salidas

10 Te cambio mis viajes por tu vida de vacaciones

11 Te cambio mis jovenes por tus viejos

12 Te cambio el idioma que no es mio por el idioma que no es tuyo.

13 Te cambio mi buena pronunciacion por tu me-se-importa.

Siguen las bodas grandiosas, anunciando bien alto todo lo que viene pa' bajo. Bulto ahora y bulto después. Después dicen "please respect our privacy". Yeah right. Espéralo senta'.

Between, between and drink a chair.

Tengo 13 dependes en los taxes. Ay Dio', ya no sé ni quien está vivo ni quienes están muertos. Si no es así, mija, no rinden los chelitos. ¿Tú sabes cuánto cuesta un par de tennis para esos muchachos? Los blancos cogen más ayuda que todos nosotros. Pero a la ayuda de ellos le llaman subsidio. Además ellos ya lo sacaron de mi país y todavía siguen. Nos deben eso y más.

¿Ando en tren? Understand?

Mi hermano viene con sus cuatro hijos mañana. Estoy tan contenta. No conozco a ninguno de mis sobrinos. No se a donde los voy a llevar a pasear. Yo queriéndole cocinar lo mismo que ellos comen allá. Ellos querrán su jamberger, pizzas y esas cosas de la calle. Que también hay allá. Allá ellos son clase. Mi hermano y su señora son profesionales. Tu ves esas fotos...esas niñas con ese pelo. Estan en el mismo colegio que la hija del presidente. Tu puedes ver por la computadora el salón de clase. ¿Que le puedo dar a esas niñas? Ay dio, yo no puedo ni dormir imaginándome esta visita. Ay gracias virgencita del Altagracia, por traerme a mi familia. Ya que yo no puedo ir.

Oye a la mañana en el Ni e':

Levántate. Levántense.
Cinco minutos más. Mami please.
Las dos nalgadas please.
Levántate carajo.
El baño está ocupado mom.
Levántense les dije. Si no se quedaran hasta tarde en la fuñía computadora...
Levántense coño.
La bañadera. La peinadera.
Ay, no me jale. Así no. Yo no quiero esos moños así.
Tu no vas para la escuela con esa ropa.

Muchacha er' carajo, te dije que tu no vas para la escuela con esa ropa. Quítese eso ahora mismo. ¿Tu te estas volviendo loca e'? ¿De dónde voy a sacar cinco pesos ahora? Te puedo dar cinco pelos.

'Ute si ta' plebe tan temprano. Plebe no. ¿Qué es lo que se cree la profesorita esa. Que a mí me lo mandan en un cheque a la casa? Entonces tu no vas pa' ningún viaje. Esas cosas me lo tienes que decir a principio de mes para yo organizarme. Las vainas no son así. La desayunadera. Ahora.

'tan duros esos plátanos mom. I will just eat the yautía. Ustedes no son hijos de Trump no. No se puede dejar comida. No, no no.

Why don't you buy some fruit tart, cereal, waffles or pancake mix? This ain't DR mom? Oye, los americanos de Consuelo. A mí no me gusta esa vaina. Eso no da fuerza. Vamo', vamo', que aquí nadie va a llegar tarde.

¿Te cepillaste los dientes? Amárrate los cordones. Súbete bien el zipper del abrigo chiquita.

¿A quién le toca fregar esta tarde? No quiero encontrar reguero.

Casa limpia. Tarea hecha. Dile a la maestra que ella es la maestra. Que no espere que yo haga tarea contigo. Que yo no entiendo nada de eso. Ella no es la maestra? Yo trabajo en una factoria. Y no tengo GED. Tarea hecha les dije. Yo cocino tan pronto llegue.

¿Qué es lo que tienes ahí? Deja ver. Límpiate la nariz muchacha.
'ción. 'ción mami. 'ción.
Dios los bendiga mis hijos.

Anoche ese hombre me dijo una vaina que me dolió ma'. Quizás es porque es verdad:
"Nunca te dije que yo quería ser papá. Así que resuelve tú sola.
Tú eres grande. Tú sabía lo que había, tú sabía lo que iba a pasá".
¿Y tú y tú y tú, tú no sabía lo que pasa si se singa sin condón? No hay ley para los que pintan pajaritos en el aire para que una sólo se lo dé. ¿No hay ley para los jabladores que hablan como dioses cuando están acostao y pura mierda parao?
Bueno macha, ute' ta' cogía por la guardia de Mon. Pero eso no e' na'. Ni la primera ni la última. Y los muchachos lo que sí hacen es crecer. La mayoría de los hombres están bien con los muchachos si tu se lo da. Mejor tenga sus hijos porque usted quiere. Y bregue ahí con mucho cariño.
Es que una cosa no tiene que ver con la otra: la jeva- la duranga y la mamá de los hijos, son departamentos separados.
¿Aja? Entonces viceversa pai. El hombre que más me gusta-el que yo más amo no es el papá de mis hijos.

El y yo tenemos muchísimo tiempo juntos, pero no lo público. No vamos juntos a ningún sitio donde nos conozcan. ¿Pa' que? ¿Pa' enseñarlo como un trofeo?
¿Para decirle a los otros que yo no estoy sola? Yo sola me represento. Estamos juntos para otra cosa. No, no solo para la singadera no. Ese tipo es chulísimo también para uno quedarse calladito ahí, los dos en el mismo lugar. Y después hablar solo jugando con los pies. Esa vaina se siente poderosa, man. Si lo publico, pierdo.

Hoy armé un rebú en el centro. Fui para que los muchachos se hicieran el físico, me dieran una carta para los cupones y ponerle la vacuna al chiquito. Y la doctora en su español de indio de película me dijo de atrevía "cada muchacho tener apellido diferente. Hombres ser irresponsables". Le dije en español y en mi inglés con barreras: primero, tú no me serviste de colchón. Con mis hijos, conmigo, ni con los pai de mis hijos te metas. Einstein tuvo muchísimas mujeres también. Lo único diferente fue que ellas no parieron. Pero como él es de tu tribu, ta' bien. Frejca vieja.

-Lo único que yo sé, es que los hombres y las mujeres de nuestro país no somos gente ni bruta, ni pendeja.

¿Entonces los disparates que hacemos, lo hacemos sabiendo que nos estamos jodiendo a nosotros y a los otros? -Coño pero contigo no se puede hablar. Tú le buscas siempre la freaking quinta pata al gato. Respira, muchacha respira. ¿Y qué e'?

Mujeres, ustedes se han dado cuenta que las llamadas estrellas, famosas, princesas, millonarias parecen que no les da la luna ni grajo. Y los maridos hacen lo mismo que los de nosotras. ¿Entonces, cómo lo ven desde ahí?

Lo mejor que me ha pasado en la vida fue salir de allá. A mí no me digas malagradecida. Mejor dale gracias a Dios que no se me puso muy agria la piña y todas las frutas del Mercado.
Los políticos no sólo vendieron a los extranjeros las piñas.
Vendieron también donde se podía sembrar, la finca del lado y toda la playa alrededor. Allá no hay cama pa' tanta gente, anyway. Gracias Santa ción-santa migra. ¡Migración¡ Gracias. Santísima, nosotros somos todas tus velas.
Ea pues señora, abogada nuestra...
y después de este destierro... ¿Qué? ¿Nos regresamos queriendo, sin querer queriendo, forzosamente sin querer? Déjame aquí. Yo se lo mío. Oh Clemente! Oh Piadosa!

El hombre que yo aaaaaaaamo sabe que lo amo.

Si no lo sabe coño, la mandó pa´ septiembre.

-¿Mi hija y que mal te ha hecho el país?
No todo lo de nosotros es malo. Nosotros tenemos tambien muchas cosas buenas, gentes buenas, algo en la historia y muchas cosas de hoy que son positivas Mija.
-El país nunca hace nada. Porque ni los huracanes los crea el país.
Son los paisanos los que pellizcan y requintan. Con cuchillito e' palo o cañón. El paisano soy yo. Tú. Él, nosotros, vosotros y ellos.
Si, si eso es de humano. Desde antes y después de los tiempos bíblicos estamos haciendo eso mismo. Nada nuevo bajo el sol.
Pero eso no quita que yo quiera caminar por la sombrita un rato; mejor vivir-vivir mejor, tranquila, más que sobrevivir.
Yo me quiero regresar a ver a mis nietos crecer. Yo quiero vivir vieja donde yo nací.
Yo solo quiero que alguien me conteste estas preguntas : ¿Cuánto tiempo le coge a una ambulancia allá llegar a atender a un viejo enfermo?
¿Cuánto tiempo le toma a la policía llegar donde han robado?
Por lo que yo oigo, será yo ir a morir donde nací. Ver a mis nietos detutanarse o que lo decojonen otras balas perdidas. Y atraco. Y secuestro por tennis y celular.
-Ay coooñññño, como que si aqui estuvieras muy segura. Ciudadana de 5ta categoria.

Él me miró.   Yo lo leo como que yo le gustaba.

Me dijo que le diera
los digits.   Creo que me ama.

Me llamó.   Quiere estar conmigo.

Nos encontramos en
Riverside.   Es mi novio.

Nos besamos.   Nos casamos

Nos samamos.   Tuvimos hijos.

Me lo agarra.
Se lo agarro.   Vamos de vacaciones, él, yo, la
                   hembra y el
                   varón.
                   Es el mejor
                   esposo del
                   mundo.
                   Somos la
                   pareja
                   perfecta.
                   Tenemos las
                   fotos de
                   estudio. De él
                   y yo. Y de los
                   hijos.
                   Tenemos esas
                   fotos que se
                   les fotochopea

la "felicidad".
Y vivimos
felices por
siempre.

Me envió un texto. Me lo quiere meter.
La historia de la derecha me la tejí en la cabeza.
Él está claro. Me lo quiere meter. Sólo eso

La hija ma' chiquita de la licenciada-You know
who...la gran Walkiria, se dejo grabar unos
videos, ella encendia comiendose a un tipo
crudo en Riverside Dr. Que marrrdito guto
e´que le da a estos tipos verse y que er
mundaso entero lo vea en el internet. Y ella
...sintindose estrella porn. Ahora el entire hood
le conoce su mambo intimo. La convertia del
piso de abajo le dijo que se arrepintiera. No me
extrañaria que en una de estas semanas
veamos a la Walki -la del complejo de Shakira
hips-con su biblia bajo el brazo. Asi se
apaciguan los pecados.
Yo no voy a ver esa vaina. A mi no me calienta
guto ajeno.
Yo no caigo en eso.
Si uno ta´ de verdad de verdad entregao, con
que cabeza se pone a esas vainas.
Si lo escribes lo estas viviendo solo en letras.
Si lo pones en video o fotos estas de fotografo.
Y el guto no es para la camara.
Toco madera tres veces, bendiciendo al
moreno. Hombre hombre. No hombre vitrina.
La gozadera es entre EL y YO.

Los dueños de allá se curan, vacacionan, compran y mandan a sus hijos a las escuelas afuera. Nosotros, sin embargo, vamos al médico allá; dizque de vacaciones allá; compramos todas las vainas que hacen allá; y todavía mandamos a los muchachos para allá porque dizque las escuelas de allá son las que enseñan y arreglan muchachos. Entonces. ¿Quién en verdad dominicanea más, los de allá o los de aquí?
No estoy apostando. No hay competencia ¿Pero e' o no e'?

Entre los sostenes de moda, las manos del tíguere y las mamografías, me han puesto las tetas como huevos fritos, a mitad de las costillas. Él la puso así. Así la va a seguir cogiendo. Yo no le digo nada de su barrigota, verdad.

El que tiene cuarto vive bien donde quiera. Aquí o allá.

Yo no me cambio por ninguna carajita de 18 por nada en el mundo. Sobre viva coso.

Mom escribame las recetas. Plis.

Me fuí. Yo me fuí y lo deje relojiando.

Vaina que me jode a mi esa. Estabamos hablando y no hubo una mujer que pasara que el no virara la cabeza.

A mi que me coma el tígere. Como que yo soy una plata de mierda ahí. La plota. Pasaron por ahí muchísimos hombres. Yo los mire. Pero no hice un u-turn con todo el cuerpo. Porque si uno habla con quien sea, lo unico que se merece esa persona es que le pongan atención. Me viene con la vaina de que es porque yo soy celosa. ¿Celosa? Ay please. La vaina es que así es que comienza la caja del 'guto a pincharse. Así se le sale toda la salsita. Todo se convierte en na'. Porque a todo se le puso caso. Y se quedó después solo pa' que lo remolquen pal' jonke.

Oye a esa cabeza de pollo, orgullosa que sus hijos solo hablan ¨su ingles¨. Ella no sabe ni decir yes. Oyela lo fácil que dice como ni ella, ni su mamá, ni nadie en la familia ni en el barrio, pudieron hablar con los muchachos en las vacaciones alla. ¨Solo hablaron con nosotros cuando fuimos al resort. El Moreno que daba las clases de aerobimerenrapmambo en la piscina nos tradujo el güiri güiri de mis hijos. Que te digo. Aqui ya todo el mundo sabe inglés. Eso me salva. Es que mis muchachos son americanos¨.

Tan pronto saliste de allá, allá jamás es nunca igual. Es una maldición o una bendición. Yo no sé. Pero lo que si sé, es que nunca será igual.
-Pero mujer de Dios, lo único que pasa en el mundo es el cambio. Todo está cambiando siempre. También nosotros. Y allá también. Ya para el chucho. Ya para la vaina.

¿Ustedes saben lo que yo en verdad perdí viviendo aquí?
Estregar bien la ropa. Yo no puedo lavar a mano más que un panti. De verdad. Ese pulso se desaparecio con el frio. Eso es lo que he perdido con migrar a este país.

Ese hombre es loco con las ensaladas.
Le fascina que me dé duchas de vinagre.

Señores en todo el mundo mueven los potecitos.
He conocido en la factoría gente de muchísimas partes del mundo. Ahí están todos ellos con la brega del brujo. Con la magia. Con los sueños. Con la ilusión. Con el ojalá.
Tratando de ver si así se ahorran unos cuantos palos de la vida. O si tumban al de al lado para ellos adelantar. Cada quien los mueve de diferentes colores. Harry Potter y su brujería en inglés. Colores encendío' o transparentes. Baños = aromaterapia. Luz y sombra. Luz y sombra. Como el bolero. Esta vida es como un

bolero si. Mejor quemarse bailándolo que escuchar la historia. Luz y sombra. Luz y sombra. Allá cada quien con que parte del bolero quiere bailar la vida. Luz o sombra. En el último año que yo estuve en la escuela tome física. En esa clase me dijeron que a más luz, la sombra se hace más sharp. Eso no se me olvida nunca. Lo triste es que no queremos saber que no hay milagros a empujones. Que con el milagro de la vida es más que suficiente.

Ay dio' yo me tatué el cuerpo. Me puse con tinta china y en colores, lo que yo creía que no iba a cambiar. El nombre de you-know- who, terciao en una teta. Suerte que se llamaba Jesús.
"Tu eres mi único hombre. Antes de ti nadie. Después de ti nadie. Tu. Tu tu tu. Y solamente tú". "Jesús mi señor". "Jesús mío". "Jesús es mío y nadie me lo quita". "Jesús es mi copiloto". Y ahora no me puedo poner una blusita sin manga, ni enseñar la espalda, la barriga ni los muslos. La fuerza de la juventud te ciega a la única verdad: que todo va a cambiar.
Ay Jesús. No el de ojos azules...sino ese otro vagamundo. Rey de fechorías. El de los hoyitos en los cachetes. Y los tres lunares en el pecho. Jesús el que era mío. Del que me quedo solo el tatú. Porque yo ranié ful con ese Jesus.

¿Nueva York es solo Nueva York o incluye New Jersey y Lawrence?

Te lo pregunto porque no se cómo explicarle a mi tía que mi prima está en Lawrence. Y que no es como de su casa a Los Minas.

Gente, si en verdad no pudiéramos vivir sin nuestro allá...las mejores playas, el lugar natal, mi gente, esa comida...ya nos hubiéramos regresado. ¿Quién nos para? La verdad. El nuestro allá, está allá pero no es nuestro. For real. La verdad, la verdad, la verdad...que ni tan mal la pasamos aquí. En verdad mejor de lo que creía. O se dice. Yo voy en diciembre a gozá, no porque aquí no se goza. Solo porque mi mamá y mi abuela están vivas. Esas son el país para mi. Cuando se mueran esas mujeres se acaba la República Dominicana para mi. Mejor asi. Porque seria terrible para el país que a todos los que estamos afuera nos de con ir. O como esta este mundo...que nos deporten a to´pa lla. Tú te imaginas.

En esas cosas que presentan en la televisión, de la tanta falta que nos hace el allá, que hablan llorando-juanita-va tu negro querido, nunca le han preguntado a alguien que viva en el Ni e'. Esa es una historia viejísima que ya cambió hace ratón y queso. Pregúntame a mí. Yo estoy bien. Aquí, allá y en Peking. Sobre muerto lloro. Solo lloro.

A mí, coño, la vida no me debe na'. Ni yo le debo na' a la vida. 'toy empate de por vida con la vida beibi. As in Tano Kao tradition.

A mi me fascina donde vivo. Ay Juanita please!

¿Hambre o sueño?
No, ninguna de las dos. Ganas de robar.
Que tora. Ofrejjcome.

Ahora sí que esto se arregló. Vestida de blanco
llegó, llegó la bailadora, rezadora, trabajadora,
cumplidora. Su nombre es Dora.
¿Tú crees que eres Frank Cruz, maga del
ritmo?

-Dime si es verdad que están haciendo una
campaña en contra de nuestro país.
-No.
El país no es el gobierno ni los ricos.
Ni de ti ni de mi están hablando.
Ni de mi tío ni de mi primo.
Ni del pulpero ni del panadero.
-Pero están diciendo demasiadas vainas feas.
-feas si. Pero todo lo que dicen es verdad.
Pero en verdad, de los que están hablando,
esos no son dominicanos. Chequea, esos no
son dominicanos. Son caribeños via Miami.
Mira los dueños, dueños, dueños de la caña
hablan güiri güiri con pasaporte en el
difícil. Nosotros solo le hacemos el trabajo
sucio y por supuesto nos ensuciamos de
verdad. Lo creemos mas que ellos. Lo triste es
que eso que dicen no solo pasa allá. Está
pasando en todos los países, de una forma

o de otra. Si dijeran lo de aquí, lo de Peking, lo de África, lo de Asia. Lo del sur...
Te estoy diciendo, todo el mundo cojea.
E' ma', para estar en el mundo tienes que cojear. El mundo es de cojos. Imagino que tiene que haber una terapia o una iglesia que de perdon o un aceitico para lo que no tiene perdón.
El rollo es mas grande que nosotros.
Asi que yo no defiendo ni me molesto con nadie que diga lo que quiera decir de allá. Pero que ojala vea a su casa de la mismísima forma que el ve la mía.
Te salió la patria morena. ¿O la patria salió de la morena?
La patria es morena. La Morena es patria.
Patria Perez. Esa es mi casa. Mi país. Feliz de que así sea. Amen.

Yo bajo con 40 pesos y 40 pesos gasto.
Es que tu no has visto todas las chucherías que hay en las calles? Vainas que tan pronto subes a la casa ya tu sabes que no las quieres.
De dollar a dollar se te va el chequecito en vainas que no son mas que cachivaches.
Después te quedas corta con el dinero de la metrocard. así que la semana pasada bajé con 20. 20 gasté. Ayer baje con 10. Gasté 10. Hoy baje sin un chele. Lo pase ma' bien quer' diantre. Me paré en frente de grano dulce, de las empanadillas de yuca, del mexicano de las guayabas y tamarindos, de la ecuatoriana de

los aretes, la cubana de los pantis, del moreno de las carteras, la boliviana de las sueras, de la barahonera de las ollas, de la banileja de la arepa...en fin, por fin, el paseo de siempre me salió gratis. Me fui ya cuando tenia hambre. No me multé ni con una pizza. He vencido el vicio más grande que tenía. Voy a abrir una cuenta de ahorros con los chelitos que no dejo que los ojos me tumben.

Yo te voy a decir...sea lo que sea, lo mío es lo mío. Así como somos; así como estamos, yo estoy muy contenta de ser de donde yo vengo. Y donde estoy. Sin pena. Sin gloria. Mira si yo estoy contenta de ser de donde soy y como soy, que yo no tengo en mi cuerpo nada postizo: ni pestañas, ni tetas, ni weave, ni uñas, ni pantis con nalgas, ni sostenes con almohaditas. Ni me he quitado grasa. Ni me he puesto rayitos.
Con esto vine. así naci alla en mi pais. En ese país que se han querido comer los huracanes, los políticos y el mambo.
¡Ohhhh Quisqueyana valiente¡
-Deja tu coro con mi verdad.
-Pero que es lo que pasa en el Ni e´ ahora. No dejan de hablar de Erre De. Tan nostálgicas? Váyanse y no jodan ma´.

Aquí están las recetas que me pediste mi prenda.

Yaniquecas

Taza y media de harina
1 cucharada de baking powder
1 cucharadita de sal
1 cucharadita de azúcar
4 cucharadas de aceite
1 huevo
1/3 agua bien fría

Junta la harina, azúcar, sal y polvo de hornear. Hazle un hueco en el medio. Pon el aceite ahi. Y mézclalo todo con un tenedor. Agrégale el huevo sin batir. Sigue uniendo todo. Lo último es el agua. Agrégasela poco a poco hasta formar una masa suave. Amásala en la mesa (ponle harina primero). Haz unos bollitos. Y con una botella o el bolillo extiende la masa. Dándole forma redonda. Hazle dos pequeños cortes en el centro para que no se inflen al freírlo. Fríe las Yaniquecas en mucho aceite (bien caliente) solo dóralas de cada lado. No la dejes quemar. En vez de freirlas, las puedes poner al horno. Si es asi, hazla mas finitas.

Arepitas de yuca

Una libra de yuca
1 huevo
1 cucharada de mantequilla (suave)
1 cucharadita de sal
1 cucharadita de azúcar
I cucharadita de anís

Pelar, lavar y guayar la yuca. Agrégale la mantequilla. El huevo (ligeramente batido), sal, anis, azucar. Unelo todo bien.
En un sarten con mucho aceite caliente fría por cucharaditas. Trata de que no te queden muy gorditas para que se cocinen bien. Tambien las puede sponer al horno en vez de freirlas.

Del único país que yo veo morenos es de Erre De. ¿Tú te ha da cuenta? En todo el continente hay prietos. Pero no los dejan salir. Se encuentran algunos solo pa´ remedio.

Si uno critica a otro, se está criticando uno mismo.
Si uno se critica, está criticando a Dios.
-¿vienes de Caminos? Eres cursillista?
Estoy de acuerdo...
Me voy a morir repitiendo esto. A ver si aquí en el Ni e' dejamos de hablar de los otros.
-Párese ahí doñita. No se haga la Crista. No haga ningún sacrificio por nosotras. Aquí en el Ni e' lo mejor que tenemos es que nos decimos las cosas en la cara y con el corazón. Sí. Es posible que seamos bien atrevía y metía, pero puedes contar con que somos así
de honestas. ¿Que tu prefieres, zero comentarios, indiferencia y pensamientos perversos ó comentarios de todo y dando todo el corazón?
No dejes de dormir por estos comentarios. Solo son esos. Comentarios.

Se comenta y ahí se quedan. Y se sigue con la vida. Así que no criticamos a Dios. Comentamos de Dios.

Si, si si si coño digo lo que me dé mi bendita gana. Lo digo todo. Porque estoy apoya´ por un pueblo libre.
¿Libre?
Liebre. Libre. Albedrio. Lucha. Libre.

Yo no conozco la puerta de un tren. Mi vida entera aquí solo he tomado taxi. ¿Tren, yo?

-Yo me voy a poner en un museo. Yo creo que soy la última mujer a quien el novio se llevó. Sí. Agapito me robó. Ahora cuídate, que si te roban es un secuestro. El único que se lleva a alguien es el mismísimo Diablo. Ahora las parejas "salen". Que vagamundería es esa. Gente vieja cogiéndose y sin ninguna responsabilidad. Estas deben ser las profecías.
-Oye la otra. Así es mejor. Ni me tienes que mantener. Ni yo ser tu chopa. Oye, "me robó-me llevó", como si uno no quisiera la chulería.
-En esos tiempos la chulería no era muy chulérica para nosotras. Era más lavar, planchar y cocinar que otra cosa. Y todas las sucursales en las mismas —esposa-querida-amante-cuero-novia-amiguita. Que bueno que todo cambia.

-Pero a mi me gusta hacer mis oficios. Servirle a mí hombre. El me mantiene. Yo lo atiendo de un todo.
¿Y?

¿Dejaste en agua la vela que prendiste?

Estos medicos matan. No le tomo ni una aspirina que me receten.

Todos los problemas con los maríos, los muchachos, los vecinos, la familia, la vida...se arreglan en un programa de televisión. Se resuelven en dos minutos, al regresar de comerciales. ¡Achú!

Los medicos estan enfermos. ¿Tu crees que asi pueden curar?

Ese culo cagao llamó a la policía porque le di una buena pela. Me roba-me habla mal-le da golpes a sus hermanas-no va a la escuela-si va a la escuela pelea, fuma de todo y bebe. Llamó a la policía. Vinieron. Les dije que aquí yo soy la ley para pagarlo todo. Por eso aquí se hace solo lo que yo diga. Llévenselo. Llévenselo a él y a sus hermanas, si ustedes quieren. Pónganle otra mamá. A esa ustedes le van a pagar. Aquí coño no va lo de los areticos en todas partes del cuerpo, la lengua, las cejas. Ni los pantalones con los fundillos afuera. Si quieren ser hombres y mujeres para una cosa,

van a ser hombres y mujeres para todo.
Los azules se fueron como vinieron. Riéndose
en inglés y sin muchachos.
La semana que viene se lo voy a llevar a su
papá. Antes de salir de recoger la maleta, le
voy a dar la pela que yo le quería dar. Desde la
barriga ese muchacho fue así. Fueron nueve
meses en cama, tres días de parto. Ese
muchachito lloró hasta que cumplió los cinco
años. ¿quién se chupo todo eso?
Hijo: that bitch wants her cake and eat it too...
to live here and bring me up as there. She has
no clue that even there all things have
changed. Wake up woman.
Or here or there? Resident-citizen-tourist...that
ain't possible. Keep trying. Waste your time but
not mine.
Hija 1: yeah, that shit does not work like that
man. As soon as I'm 18, I'm out here y'all, for
good.
Mamá: Tu vera...sigue contestando.
Hija 2: For some things they are Dominicans
and for others they are American. What kind of
shit is that? I 'betcha that when she was young
she was worst than us three.
Mamá: ¿Qué es lo que rezan?
Mira a la otra, con un ojo tapao con la pollina
enchumba de vaselina. ¿Es la moda de pirata?
AH! lmo. Qué carajo es eso. ¿Qué es lo que
cuchichean muchacho er coño? Cállense, que
los muchachos hablan cuando la gallina mea.
Hijo: You do that bitch.

Mamá: Mejor corre porque si te agarro te pico.

Que levanten las manos los que cuando se limpian usan el mismo papel, doblado, otra vez.

Hay gente que se busca estar en la boca de otros. Rafaela siempre dice que quien-si-yo-quien la quiere muchísimo; que quien-si-yo-quien se vuelve loco cuando la ve. ¿Quién sabe en verdad lo que la gente piensa, o siente cuando hace esos shows de ¨amor¨?

Mi hija es profesional y está bien casada con una Americano que yo creo que es judío. Si, porque a ella no la quiere su familia por eso de la religión. Esos días de las madres, cuando esa gente viene de Long Island, traen esas cajotas con cosas que yo nunca voy a usar. Cosas grandes, de gente adinerada. Algunas veces me sale el premio mayor. Vienen los profesionales con una tarjeta en inglés que yo no entiendo; que yo no necesito entender, que yo ni leo; que yo no necesito leer. De una vez le brindo café. Ella se va conmigo a la cocina. Yo sé que en ese sobre hay de 100 pa' rriba. No es por el dinero. No. Pero así yo compro las chucherías que a mí me gustan. Que no son las cosas que usan los profesionales. Porque te dije antes, que mi hija es una profesional. Bien casada con un Americano que yo creo es judío.

Yo mato a cualquiera por sentarme en la guagua en la línea de los asientos que están solos. Pero yo no soy la única. Todo Nueva York así lo hace. La fila del "no me jodan". No leas el periódico que yo estoy leyendo- Yo fui la que pagué mi quora. Ahora 35 centavos.

No encuentro el pasaporte y viajo mañana. Ay San Pascual Bailón si me lo encuentras te bailo un son.

Amazing. I left Mom´s apartment early. I moved out early. I did ´cause she needed to close ¨her door¨ every night. Like if I did not know how to close a freaking door.
Amazing. I visited Mom´s aunt en Erre De and the woman has the same freaking obsession. She haaaaaad to close ¨her door¨. As if there was some kind of science in petillo-aldaba-petillo-seguro y silla recotá. Then tocar tres veces la postalita del santo. En el nombre del padre, del hijo y del espíritu santo. Amen. Y antes de irte al cuarto empiná, in a tippy tippy toe dance, tocar el ramo seco del Domingo de Ramos hecho cruz. You see, I know the deal. Right?
Pero la doñita no lo cree not even a bit.
Imagino que para ella las muchachas de Nueva York, con ese inglés poniendole un cantico raro al español menos sabran cerrar puertas dominicanas.

Pero en verdad lo que ella quiere es saber a que hora llego. Y con quien. Pa´quejarse con mi mai. Pa´que yo por culpa le de tres papeletas de Jackson en la mañana. Next time you know where I am going to stay. In a rented place. Where I close my rented door.

De que sirve que le pongan nombres de Dominicanos a calles y a escuelas cuando lo que están ahí no saben quienes son. Si era por desquite de la avenida George Washington y la Lincoln se entiende. Pero que se responsabilicen esos grupos a dar sus clasecitas cada mes, todos los meses de la vida. No querían derechos. Cooojan responsabilidades.

No me ataje más, que voy a darme lengua, a estrujarme un chin en el parque con el actual. -Cúrate en salud bandida.

El Ni e´no esta ni en Main ni en Wall street. Estamos en el Borough Prangana. In the Olla´s land.

¿Cuál es el mejor amigo de una mujer? Los cuartos de la renta.

Estos desodorantes sanos no le hacen ni ji al grajo. Ni en invierno.

San Pascual Bailón...aqui esta tu son. Aqui esta tu son San Pascual Bailón. Aqui esta tu son.

Habla de lo grandioso que somos, de nuestro canto y te vamos a querer muchísimo, con viva emoción.

¿Tú has visto a un americano cogiendo lucha allá? ¿Ah? ¿Ah? Debemos de hacer un gobierno aquí, no joda. ¿O ya lo tenemos? Y e' fácil.

Pónme el 420 pa' Brooklyn.

Somos muchas. Ustedes creerán que estamos de más. Y no es para menos.

Parece que la novia comía en caldero.

-Gorda no te había visto esta semana. ¿Dónde estabas?
*Donde tu crees? En Brunei. En la boda de la hija del sultán. Yeeeah right. Metiéndole más horas de overtime a ese 99 cents que lo que el indúo ese puede pagar.

Yo por hacerle un agrado a la maestra de mi hija le mande unas tacitas envueltas en papel celofán rojo. Como se hacía allá. Esa gata ingrata se puso a reírse del regalito. A mi muchachita le ha dado una vergüenza que no quiere ir a la escuela. Llorando me dice que si por mi culpa a ella le dicen cheapy-taky-off the boat.

Esta mañana en el primer vagón del tren A, a una muchacha muy bien vestida, perfumada y con melena de anuncio de champú, le salieron dos cucarachitas caminando despacito de la cartera de marca. Ella se quería morir de la vergüenza. Nosotros de la risa.
Cuando quería cerrar la cartera, se le salió un tampón.
Es que la vida pone en su puesto al más bonito, de alguna u otra forma.

Hoy cumple años la comadre. Suban que vamo' a hacerle una bullita en mi casa. No, ella está en Erre De. Pero la fiesta va como quiera. Le cantaremos japi berfdei sin ti.

¿Por qué sera que cuando se habla de las vidas pasadas, todo el mundo era de princesa pa'rriba?
Que manguito el pasado. Reina, reyes, ricos, poderosos, él si me quería, un amor perfecto. Todo lo mejor, estuvo en el pasado. Y e' fácil. De todo eso nadita existe. Billete que caduco. Eso me lo dieron en quinto. Te vi.
Como lo dice la canción: lo que no fueeeee...

*Hay ya que respetarse, aquí la radio nos está jodiendo. Eso es una plebería. Yo no le doy ni un chin de mi tiempo. Esa no es la compañía que me ayuda.

-¿Y de que tu quieres que hablen en la radio? Ellos están en este tiempo. Mira los presidentes, políticos, los sacerdotes y todos los poderosos hacen mas daños que lo que tres malaspalabras bien dichas y mucha chercha pueden hacer desde la radio.

Es mas, ellos en la radio están ahí porque así es que muchos lo quieren. Tú decides. Lo oyes o no, sin hacer un show. Pero todos están así, sacerdotes, profesores, políticos... entonces? ¿Tu quieres democracia, tu quieres comodidad, avance, libertad?

Pues es en to' y pa' to'. Tu haces y deshaces. So do I coñaso.

Oye las noticias...El cuero del gobernador; la chilla del sustituto ciego y de su mujer; y el vecino en Jersey en lo de el.

¿De qué te asombras? los políticos nunca han dicho que tomaron un voto de castidad. El lío es cuando los ripios o popolas alegres son de religiosos. A nadie más en este mundo se le ha ocurrido tapar ese sol con un dedo. Repetirse tanto que no rapan... pero ni ellos mismos se lo creen.

El cliente 9, busco a su 6.

Lo que está en la noticia es solo un chin de lo que pasa.

Tú lo ve así, dique buen marido, ese ha preñao ya a tres. Ella se hace la Sueca. "Porque así es que se sobrellevan los matrimonios". Eso mismo hizo su bisabuela, su abuela y su mamá. Eso mismo le está enseñando a sus hijas. La gran tradición con sus mierdas. -Pare ahi macha. Con sus mierdas y sus chulerias.

Lo que sí te puedo decir y júralo que es la purísima- la mera-mera, es que en todas las familias hay varones, hembras, adultos, jóvenes, viejos, niños, recién nacidos. Alguno que otro rico, muchos pobres, cueros. ¿Como es que mejor se dice ahora? Okey, okey... incluyendo el femenino de todo. Yo aprendo. Aprenda. Lento lenta pero pera. Okey...Oka. Ricos-ricas-cueros-cueras-cuerneros-cuerneras-pata- pato—comunista-comunisto-risas-risos-oyenta-oyento-vegetarianos-vegetarianas-mano-mana-ta-to-to-ta-tata-toto-vagas-vagos-ingerieros-ingenieras-artistas-artistos-doctoras-doctoros-bisexualas-bisexualos-bruja-brujo-balagueristas-balagueristos-monja-monjo-tecato-tecata-loco viejo-loca vieja. De todo como en botica.

Es que es muy cierto, cuando tu señalas al frente, tres dedos te señalan a ti y uno a Dios.

Mujeres, me fue bien en Erre De. Dos semanas de chercha full. Me conseguí un novio que trabaja pal' gobierno. El felizmente casado, como me gustan a mí. Mal amado y con muchas ganas de impresionarme encuero. El organiza eventos con gentes importante. Porque ahora allá está de moda eso. Hay muchas cogiocas internacionales. Conferencias. Seminarios. Yo solo estoy repitiendo lo que el me decía. Óyeme a mi como una de allá. Global. Mundial. Universal...Se la busca en eso. Sale en los periódicos. El está haciendo los contactos para conseguirse una beca en Chile o en Brasil. La cosa es salir. Cuando lo oí con eso solo pensé en el paquete que siempre me estaba diciendo: el país está mejor que nunca. Aquí se puede. Se podrá, pero el se va.
Con el fui a visitar a sus amigos. Tres visitas a tres casas diferentes. Y todas iguales. Habia una competencia rara entre las tres doñas. Unas casas con verjas demasiado altas. Demasiadas alarmas. Demasiados wachimanes. Con muchas salas que no usan. Nadie se sienta en esas sillas lindas. Esas casas con demasiados espejos. Demasiados cojines. Demasiadas cortinas. Demasiadas flores. Frescas-secas- Palmas. Demasiadas pinturas. Con demasiados colores. Demasiadas gentes pintadas en serie. Estas casas con demasiadas chopas. Piscinas,

Jacuzzi y sauna. Cristo en la boca y lujuria en los ojos. Y chef on call. I am not kidding. Chef on call.
Do you think all that made me jelous?
Quite the opposite. I do not want none of that bad taste and fishy glamour near me. Let alone have that kind of shit. Something is wrong. Something is terribly wrong. But hey, better them than me.

Sesese severe severe severe se
Se fleto el super con la pinta.
Se descalabro el hijo de Minga del rufo por estar de fumanchu.
Se enculillo la morena de los ojos galanos con los que se mean en la puerta del building.
Se calmo la montra del 7.
Se mato otro hijo del Shah. Y a mi que me importa.
Se activo la dominicanisitis aguda. Las del 5to piso han traido bacinillas pal batey Manhattan.
Se habra comido tres fundas de frituras o es solo lip gloss.

Se te nota.
Me imagino. Por eso digo, no tengo que ponerme. No tengo ni un pantalon que no me haga aqui alante un gran triangulo, una manzanita, o la misma alcancia. Y esos hombres jugando domino, no disimulan. Ellos se tienen que hacer notar y decir algo.

¿Tota grande de que? Es mucho pelo que tengo.

Dominican Riots in Washington Heights.
Silencio. La bulla secretea sobre la pobreza.
Hay mas electos. Silencio.
Still. Lo mismo sigue. Silencio.
¿A quien le convino la bulla. A quien le conviene el dolor?
Los dueños de los cuchillitos de palo.
-Te toy diciendo. Se calleron todos los altares.
Auque se pongan mas mascaras, se sabe siempre quien hace la cogioca.

El edificio de al lado no se enteró de que había tormenta aquí. Estaban todos viendo los canales de Erre De.

Me dejó. Me dejó. Se fué con su mardita prieta. Quizás siempre se estuvieron cogiendo. Yo que le cuidaba su próstata. En mi casa no faltaba nunca jugo de granada, tomates y las pastillas de Rico Perez. Con to' y to', me dejó. Ese cabrón. Psss psss, morena, que te aproveche.

Ay mujeres, vamo' a dejarnos de vainas. Al final cada quien decide, hace y está con quien en verdad quiere y necesita estar. ¿Quién

obliga a alguien? Hay que aceptar eso, para que acepten lo de uno. Usted por ahí. Yo por aquí que es más derecho. Está conmigo porque quiere. Estoy con el porque quiero. Se fue con ella porque quiere. Está solo porque quiere. Estoy sola porque quiero. Está vivo porque quiere. Te mueres cuando te llega tu hora. Si tú ayudas, llega más rápido que de carrera. Tu. Tu. Tu.
 Uno siempre decide. Tenemos mas poder de lo que parece. Total... Quien tenga ojos y quiera ver, que vea. Quien tenga oídos que escuche. Si quieeeeere.

Hay diferencia entre aquí y allá. Si.
Mira si estás en olla, aquí en la nevera sólo quedan zanahorias. Allá, verduras.

En las fotos que nos tomaron en la escuela, todos quedamos juchos, parigüayos. Como éramos. Legos.
Aquí las fotos que le toman en la escuela a los muchachos, estos carajitos tienen una sonrisa jodona. Es una sonrisa que no es sonrisa.
Aquí es aquí. Y allá es allá. Que e' lo que va a comparar!
Señores, pero esas sonrisas tan fuerte. Yo he malgastado esos cuartos. Pero no le doy una foto a nadie de mis hijos con esa sonrisita pedía. Ay no, ay no, ay no.

Mis hijos no pueden venir a la escuela todo diciembre y la mitad de enero. Además para que tú tengas casa en Riverdale o New Jersey o tú apartamento en Inwood o downtown, yo tengo que hacer esto. Así que, de qué e' lo que tú priva... Si yo no soy pobre, tú no eres rico. ¿Oíte? ¡Hablaron las vecinas!

El pueblo. Continuación

Como en otro mundo, pero en el mismo continente, está Maya, la rubia del 2c, el cuco oficial del building. Dueña del bisturí. La que más alquila la navaja. No puede negar que vive en el piso donde el 99% se recicló allá, hasta la vagina a cuchillá limpia, oreja, naríz, ojos, barriga-nalga-teta-papada-párpado-estómago carpo, metacarpo, torso, metatorso, dedos-brazo, antebrazo, mano. Sí, sí, hasta con su vagina diseñada. Y virginizada.
Un día de estos le cogerá con enseñársela a todo el mundo y cobrarle a las mujeres y dejar a los varones que se la toquen gratis. Todo dizque por la auto-estima. A Tania la viquita y a Kenia la fañosa le robaron sus cuartos. Esas mujeres están más gordas que lo que eran antes.
Diantre, pagar y aguantar tanto dolor para lucirle a unos hombres barrigones, fofos, chatos, mal tallao, mentirosos, bullchiteros, pelaos y calvos. ¿O es para exhibirte

a tus amigas? ¡Esas son enemigas tuyas! Y e'
fácil. En la calle tú ves a esas madres, que ni
sus hijas de 15 años tienen esos cuerpos. To
whom are you kidding?
Are you kidding yourself?
¨Bellas¨ con ropas y encueras parecen carne
mechada.
Atasajadas. Pobrecitas.
Flor baila a dos dólares por canción. Me dice
que se hace limpio mínimo 900 dólares por
semana. Con esos bailes se ha hecho el
cuerpo entero y la ñapa. Enseña las verijas y
la raja para mostrar la mercancía y lo que
le dió el bailar con los borrachitos de los
recuerdos del centro y del sur.
¿Gorda, tú no me conoces? Muchacha soy yo,
Francis, la del 2A. La que se quedó en la
operación fue mi prima Lucía. Yo acabo de
soltar las maletas. Acabo de llegar. Me hicieron
nueva. Me hicieron otra.
¿Y cuándo fue que apareció esto de la auto-
estima?
¿quién inventó este mambo raro para venderle
la necesidad de las mujeres picarse y los
hombres alargarse el bicho? Auto estima
cojones.

-¿Profe, cómo se siente?
-aquí 'mija como Baldor, llena de ecuaciones y
para la portada este turbante.
-Abul, abul.

Son la una de la tarde. Eco en todos los apartamentos del 3er piso porque el ¨Tremendo juez de la Tremenda corte va a resolver un tremendo caso¨. Ya comenzo Rudesindo a decir lo suyo. Nananina lo interrumpe. Tres Patines explica un nuevo confundisirio. Y el juez ya manda A LA REJA!.

Mujeres, me soñé lo que puede pasar. Primero vi el agua azul del Mar Caribe. Yo volaba. Volar en sueños es bueno. Vi a siete huracanes planeando el como barrerle las villas, castillas, más otros resorts de la costa completa de la República Dominicana entera. No no es envidia. Era el día que ahorcaban a los pálidos. Quedaron solo cinco hombres que antes eran tutumpotes. Ahora están pidiendo cacao en el mercado, frente a la pollera. Ahí andaban ellos enseñando una revista con sus fotos. Ellos en esa revista estaban dando consejos para triunfar si ya naces triunfador.
El final del sueño, ya lo imaginan. Podíamos ir todos a todas las playas. No habían wachimanes.

Aparta Señor tu ira. Pero haz algo con este abuso.

Doña Gisela se ha ido de retirada cinco veces.
Ha usado la lista- interminable-fotocopia de las
razones por la que regresamos. Para vivir
donde antes no podía vivir-me siento
desahuciada-como he mandado toda la masa
...déjame llevarle también los huesos-30 años
solo de pasada. En mi mundo solo está Nueva
York y República Dominicana.
Si, me voy a echar vainas
-hecha una vaina
-a buscar una vaina
-a pasar vainas
-a recordar vainas
-a que me hagan falta estas vainas
-a perder más tiempo en vainas
-a hacer las mismas vainas que hago aquí.
-'toy jarta de esta vaina.
-es que a mi también me guuuuuta esa vaina.
Allá se vive y la ropa luce-la azucar endulza-la
sal sala. Yo me conformo con sentarme abajo
de una mata y coger freco; porque aquí no
conozco más nada que éstas cuatro paredes y
la bodega de la esquina.
Miento, un día fui a Great Adventure con la
iglesia.
Fuimos y vinimos con un "Chofer seguro a la
guagua dale duro". El americano nunca se
enteró de que en la canción él era el detective.
Mira que el tenía cara de detective". Aunque
Gisela ni nadie de nosotras es dueña del
apartamento donde vivimos, ella ha vendido

ese mismo apartamento las cinco veces, a cinco mil dólares cada venta, re-venta y otra vez venta. Y cinco veces ha regresado a su mismo apartamento. Si se descuidan, esa vende inglés en carrera a los gringos de Ohio y vende hielo en Alaska.

Elsa 5L, está esperando que pasen estos siete años para recibir su retiro y "por fin descansar". Sólo ella no se entera que anda con la muerte como el tiburón de la emulsión de Scott. Las ojeras más obscuras del mundo ya cerraron la cajita de su muerte.
Su por fin está al doblar de la esquina. Descansará pronto en su retiro de vacaciones eternas. La mesa antique redonda es mía. La coqueta de mi mamá. Lo dije primero.

Si coño, en su boca quedo.

Eunice la del 5m no parece que tiene tres hijas jóvenes. Dos de ellas van a un programa para muchachos inteligentes. Que después que se gradúen serán su gallinita de oro. Como el pelotero de la familia, como la que se casó con el extranjero. El resuelve-la lotto de por vida. Pero Carmen es el muchacho. Un muchacho grande. Ella todavía con el peinao y la sonrisota como la difunta, la rubia de los Angeles de Charlie-su héroe de todos los tiempos.

Mireya está arrellaná, sentá, comiéndose los chelitos bien rendío de su demanda. Cogió el cantazo y llamó a la Margara. Su hermana es una vieja que se ha cogió con preguntarle a las gordas que si están preñá y a las preñadas le dice que qué gordas están. Se ha ganao su par de boches por atrevía. Buenaso que le pase.
Doña Villa mi angel y Doña Angélica, un pan. Lo que se dice un pan.
Ven acá y quédate allá, ¿quién es y donde está la mencionada comunidad, before a.k.a -la colonia? Díganme. Díganme, yo también quiero hacerle una propuesta a la ciudad para una moneda pesá para la comunidad.
La comunidad que soy yo, mi familia y mis canchanchanes. LOL.

Ummmm, hoy huele a 6 de enero.
6 de enero sin olor a mito. Hoy es un 6 de enero que huele a muñeca. Es que cambié las cortinas plásticas del baño. Made in China. 1.99. Mira eso, necesito tan poco para estar más feliz. Con el ayer si. Pero en el presente. Aqui. Con coco.

Crecer es bueno. A todos nos gusta crecer. Aquí un piropo apreciado parece ser es: tus cabellos están bien largos.
Pero ni tan apreciado, porque tan pronto crecen se les mata, muerte-muerto-muertecito con el alizzzzado.

-Jálame las greñas. Déjame china con el alisado japonés- Brazilian relaxer o el caballo. Que nosotras sí sabemos tratar este tipo de pelo. Ya hasta en inglés, revistas, periódicos y TV lo dicen. Así que es verdad. ¡Dominican blowout. Dominican beauty salon. Dominican style. Dominican hair salon Ta'¡ Eso e' a muñeca pura. Nosotras les enseñamos a las morenas a no ponerse tanta vaselina en los moños, a que la melena se le suelte y se le mueva.

-Eso no te hace más blanca.

-Y si me lo dejo en afro tampoco me haría más negra.

-También e' verdad.

Colgada del alma del Ni e' está Reyna. Todos nosotros nos criamos lambiendo las ollas del suspiro en su apartamento. Ella, la más duranga haciendo bizcochos con rellenos de piña, guayaba, de tres leches, you name it. Bizcochos y picaderas también. El tipo que se lo ponía full, se casó allá con una profesional de "Buena familia". Él con sus camisas mangas largas, arremangadas hasta casi el codo. Un lapicero en el bolsillo izquierdo de la camisa de rayitas, su cara de ayudante de misa y mucho buenas tardes, noches, permisos, gracias, excúseme, si, si, excúseme de nuevo.

Cada vez que él viene a los países, así sea con su flamante esposa, de "Buena familia", viene y le arregla la cuca a la Reyna y le desarregla la cabeza y el Corazón.

Yo soñaba con comerme sola un bizcocho de dos libras hecho por ella. Me moriré con el gusto porque ya la masa no le sube, el suspiro se azucara o se le corta. La Reyna está hecha una bona. La amargura de la vida le salpicó todos los moldes que celebraban lo dulce. Siempre vocea lo mismo: "Con ella está por los hijos y conmigo por la Chiquita, su consentida, la cuca de la Reyna." Los del piso le damos su comida. Suerte que tiene sección ocho full. "El es mío. El es mío coño". Reyna el no es ni de él mismo, entiende.

No hay día que yo no recuerde a mi abuela. Si ella viviera aquí, guardara cada potecito, cajita y envolturas chulas. Porque según ella siempre se necesitaran para un aceite, remedios, sobras, las habichuelas con dulce del barrio, etcétera, etcétera, etcétera. Pero muuuchos etcéteras.

Me llamo Olga. Nací en Higüeral. Soy jamona pero no señorita. Hace poco me mudé aquí. Vivía en Lynn. Estuve casada por un año. Nos casamos para que él me hiciera los papeles. El primer día que comenzamos a jugar casita: él se iba para el trabajo y yo me quedaba en la casa. Yo le hice la misma pregunta que ví en una telenovela venezolana: ¿cómo quieres que te espere amor?

Ese tíguere me dijo "sin pantis". Me descolocó. Porque en la novela el hombre dijo "con una cena romántica y la canción que nos gusta". Solo sabía esa respuesta. El tíguere me la mandó pa' septiembre. No podía continuar con la tele-apartanovela que me había aprendido. Tenía que inventarme la mia propia. Me quede frisá. Pero con una vaina buenísima por dentro. Yo lo espere como el me dijo. Porque yo me casé para arreglar mis papeles, te dije. El me dió papeles y carne. El era bola e' fuego. El pedazo siempre disponible. Su cosa ahi pa´mi. Ven acá dame 'guto. El pedazo alegre. Caminando en la calle, me agarraba las nalgas, como diciendo que esas eran las de el. Era verdad. De el solito. así fue por todo un año. Pero quien aguanta tanto amor. Tanto 'guto.Tanta jílbriga.

Por supuesto nos dejamos. Porque casarse incluye singar muchas veces sin tu querer. Solo porque tú quieres mucho al otro. Uno comienza sin querer, pero el 'guto aparece. El guto aparece solo. El guto e' magia. Guto e guto . Lo de ma e´ pendeja. Pero hasta del mismo guto uno se cansa. ¿Eso no fue lo que dijo Jose Jose? De 'guto estoy paga de por vida. Créeme.

Mirta baila Son en el club tapao que está en medio del bloque. Tienen ensayado el "por si acaso viene la policía" la celebración de un cumpleaños. Con bizcocho, gorritos y hasta champaña. En verdad esa es la mejor parte de la telenovela nuestra. Son de to' in the down low.

Sera eco-friendly pero no lo podemos pagar. Eco-caro. Muy caro. Y quizas es un eco-bulto. Ecolecua.

Doña Niñita ha sido la home attendant de todos los viejitos de Manhattan. Aunque ella, caramba, está para que la cuiden. Siempre tiene una dolama, un appointment, una diligencia, un quebranto, sintiéndose siempre malosa. Y con todo y achaques, cada vez que termina de hablar, siempre le da las gracias a Dios. Y si planea algo, su "si Dios quiere" nunca falta. Si le entra una "agüita, una boronita, los chelitos para uno manejarse", se lo manda a su única familia, una sobrina, gorda y colorá que pare un muchacho cada año. Doña niñita no sabe lo mucho que yo la quiero.

Mi mamá supo que yo no iba a ser fácil cuando dije, con 9 años, que los olores que más me gustaban eran el olor a pólvora, a mito y a gasolina. Guerra coño.

Ella grita fuego. (Esta línea fraseada como la cantante Miriam Cruz lo diria)

-yo creo que ésta escribió esta vaina para ponernos en una película. De esas que hacen acerca de los barrios y viene un Americano con su rubia. Nos salva y nos enseña a ser buenos. Y no matarás, no pecarás... amarás al prójimo como a ti mismo. En inglés. Se acaba la película nosotras tocando maracas, con sombrero mexicano, frutas en la cabeza, teta y culo afuera, sonrisas y olé.
-¿entonces JLo-Salma-Penélope van a ser nosotras?
-ojalá y no sea así. Esas mujeres no son dominicanyorks. Esas leventes no se parecen a nosotras. Tienen unos cuerpecitos chiquitiiiicos y ni tienen grajo.
-¿Tu crees que nos pongan a nosotras?
-mira muchacha no van a hacer ninguna pelicula na'. Seremos nosotras heroinas-blanquitas o campesinas negras?

Doña Patria, va todos los años de elecciones a votar allá. Ella y muchos de aquí y de allá, creen que los electos van a arreglar la famosa cosa de la Aurora. Pero dime tú, ¿tú le crees a un médico que anuncie que él te va a chequear la presión, la sangre, el corazón?
Eso es lo que él tiene que hacer. Los políticos anuncian lo que ellos tienen que hacer. Y ni

eso hacen. Yo sólo voy a votar por el primer político mudo, que no hable baba y haga lo que tiene que hacer. Aquí y allá.

Ya yo oí a un mudo cantando. Esa canción la gocé muchísimo.

¿Ustedes se ríen? ¿Ustedes no me creen? Los pueblos están llenos de anuncios en amarrillos con letras en rojo y su "fulanita o sutanito trabajando"; morado con letras amarillas y su "que-si-yo-quiencito cumpliendo"; blanco con letras azules y su "sutanejo con el pueblo". Las fotos de los candidatos photochopia: el negro es rosado, se ríen sin arrugas, las narices se perfilan y unos peinados jodones en esas cabezas. En la televisión anuncios del gobierno, Santa Clo' en Erre De, con ese calor, botas, de rojo y con gorro de nieve en 90 grados. En los camiones de basura: "donado por el gobierno", por quien va a ser, ¿por Shakira y su fijación?

Voy a hacer un anuncio: yo respiro. Jajajajja.

Que fokin' circo de todos los colores del arcoiris.

Doblo la esquina. No, no enderece la calle. Lo que vi fue un montón de carros de policía frente al building. Se llevaban a Amada Eduviges esposada. Ella me gritó "gorda todo esto es por la traductorita esa del centro. Cuando la coja la pico. Le arranco la cabeza. Va a aprender dominicano esa sucia". La comadre me dijo que Amada E, hoy fue a su eterna buscadera de programas que den algo gratis aquí en el barrio. Y muy entusiasmada hablaba de su novio. Un muchacho taxista, buenmozo y cariñoso; que le quiere a su hija como si fuera de él. "Y esa hija mía es fuñona. Child molesting too much. Many times. Very bad. Pero mi novio es mi novio. Y me resuelve". Se llevaron a la jodoncita y le pusieron padres adoptivos pagados. El novio está en el precinto. Y Amada E odiándolo todo y jurando no volver a hablar una palabra en inglés nunca más, ni en el examen de la ciudadanía.

El primer hombre de quien yo me enamore, fue a mi pueblo con el parque el Dorado. Un circo que viajaba. Me fui a viajar con ellos. ¿Tu sabes que ellos tiene su propio idioma? Si.

Sandra compro el primer carro del Ni e'. Estamos todas comparonas. Nos va a llevar a New Jersey a comprar en el mall sin taxes. Cada semana cuatro personas de cada piso.

Se fleto la vecina con un policía. Esta que no cabe por la puerta. El tipo es del mismo precinto que los que le tiraron los 41 tiros a Diallo.Ella habla del caso de Louima dandole la razón al torturador. Cuando le mencione los 41 plomazos rapido me dijo que solo 19 le dieron al Africano. Tu ta oyendo.

-¿Viste en el tren 1 un volante que dice que Duarte era racista? ¿Qué tú crees de eso?
- ¿Quien no era racista en su tiempo. Quien no lo es ahora?
-¿Esa es su respuesta compatriota? Como se salva un pueblo si esa es la juventud.

Nosotras siempre gufiamos dique que Doña Asunción, la del 3B, es la ambulancia del building. Pero esa doña está con uno, cuando uno está doblao por 19 horas con dolor, esperando en la emergencia del hospital. Cuando te internan ella te lleva sopas, malta morena, galleticas y sigue hablando sola. "Uno no es nada. Tú puedes estar ahí y !PAN!, te mueres. Aquí hacen gente. En este hospital enferman a la gente. Aquí hacen experimentos con nosotros. Aquí mataron a mi ahijada. Esos no son doctores. Esos son practicantes. Los doctores están del otro lado. Del lado donde van los blancos". Ella espera contigo el peo de la libertad y te lo aplaude. Porque aquí, en el *medican centel,* no te dan de alta hasta que no te tire peo. Is she passing gases? Not yet? Do walk, walk, walk around young lady.

Lourdes se curó del dolor de espalda óyela, "ese chino me puso un truck de agüjitas, solo fui tres veces y me curó la siática. Ayer que llegué a la última cita, llorosa por lo de siempre, él me dijo que no lo tomara personal. Que los hombres se acuestan con otra porque dentro de sus forros saben, sin saber, que su mujer no está satisfecha con ellos en la cama. Entonces se tienen que ir a comenzar algo nuevo. Esos principios siempre son activos. Y así no sentirse mal con ellos mismos. Tú sabes que escobita nueva barre bien. Ahora entiendo. Así sea por un par de días. Los días del allante. Todavía él no sabe que con una sola él va a funcionar; con otra va a gastar y con otra tuvo sus hijos. Yo le voy a sacar los pie'. Que aprenda cuando le toque. Yo no soy ninguna profesora. Como tu dices Kay, "it's all about me". Él se aloca todos los fines de semanas, porque is all about him. Ta' to'. Lo mío viene. La ley de Dios no tiene trampa.

¿Qué es lo que tanto cargan? ¿Qué es lo que tanto compran? Siempre cargando dos fundas. Susantísimo.

Que no se les olvide, la mayoría de los Dominicanos están en la República Dominicana. No han salido del país. Y viven. Así que si yo tengo que regresar, hago lo mismo. Vivir. Lo que hago aquí. Si mi país no me amarra, imagínate aquí. Hoy coño me quiero degaritá.

Tengo un dolor bueno. Ay siiiii. Un dolor bueno en el dedo indice, cuando me quité de mas la cuticula. Me lo aprieto. Me duele. Me gusta. ¿Tu has visto como es la vaina…? Un dolor bueno. Esto llora ante la presencia de Dios. Yo me entiendo.

Cornelia no ha podido regresar. Su hijo se hizo hombre y su Mamá vieja. Ella le ha enviado buenas ropas, mochilas y hasta computadoras. Y a la mamá... las mejores batas, polvos, jabones, chancletas y muchas cajas de comidas con de todo lo que hay allá.
Pobre, su familia está en su cabeza, en él hace mucho tiempo y en los muchos pedidos con lo que le cobran sus hermanos su ausencia.
Tienen la cachaza de decirle, "ya déjate de mandar esos jaboncitos viejos y ven a atender a la vieja. Así si e' bueno e' ". Y esa infeliz sale de una factoría y se va a limpiar oficinas. No conoce un cine en esta ciudad. Su oración de siempre es decir que ella no vino para cambiar de ambiente, conocer a un país nuevo o visitar museos. Sin sus papirus... dos veces, Cornelia no es papelera.

Cuando te encuentres con Matilde la del 6E en el laundry, ponle atención, que todo lo que tú digas ella lo tiene o lo hace triple. Hasta una enfermedad.
 "Anoche cociné un pastelón de berenjenas con arroz. Me quedó bien bueno".

"Yo también cociné lo mismo pero a mí me quedó más bueno porque le puse sopa de cebolla en el caldo".

"Uyy, este mes la luna me llegó de muerte".

"Eso no e' na, la mía fue la acabose. Tuve que venir de la factoría. Con los pantalones manchao, el suéter amarrao en la cintura. Con vómito y diarrea. Recomendá pa' hilacha".

"Mi papá se murió". ¿Y el tuyo, cabrona, se murió en la Tierra y revivió en Júpiter? ROFL.

Ahora sí que nos cayeron los palitos. La hija de Vivian tiene herpes en la boca. Es una carajita de 10 años. Esta es la nueva epidemia que hay en la escuela. Tanta seguridad y tanta vaina en las escuelas pero no le ponen caso a lo que le tienen que poner. Los muchachitos han hecho los cuentos en el internet, en la calle, en el baño, en sus canciones. Las chiquitas compitiendo para comérselo, a este o al otro. Hay que ver que está pasando con nosotros, en la casa, en el edificio, en el barrio, en la escuela. Esto no es trabajo de ningún politico; de nadie a quien haya que pagarle por sentir o buscar una solución. Esto es pa' arrancar cabezas.

¿Que salio pa' Brooklyn?

Yo nunca he dado un golpe aquí, pero me voy de retirada el año que viene.

Soñé mi bendición. Voy a poner un negocio "Aquí repique gloria". En inglés será "Extended Easter. Sweet Lent". Mi hija que le gusta la poesía hizo la traducción. Mira en muchísimos lugares del mundo hay playas bonitas. En todos los lugares hay cueros y cueras, comida y música buena. Pero en ningún país del mundo hay habichuelas con dulce.

Ese es mi negocio. Ese será el negocio que no podrán repetir en otra isla o en otro pais. Le voy a decir a mi hermano, que es pintor de brocha gorda, que se invente un color que no haya usado ningún partido político. Y de ese color pintaremos el kiosco. Yo vi en el sueño hasta los anuncios del negocio en la televisión. Voy a poner a un ex presidente, a un ex pelotero y a una ex mega diva. Imagínense quienes serán. Cada quien tendrá que convencer al público de que hay que aventarse la barriga por lo menos un dia a la semana. Que los peos son necesarios para la salud. Mejor peos que feos. Peos por pesos. Pesos por peos. Pero que aquí, la Sweeten lent, sweet beans se hacen con una receta especial que no da gases. ¿Me oiste? Gases. La bendición vino con la maldición: quien me copie la idea se le cortaran siempre las habichuelas; quienes las coman tendrán diarrea por 9 días y la crucecita que está en la galletita crecerá hasta crucificar a tres para poner ejemplo. Guuay mi mai.

Mi tia habla su inglés. Sin haber salido de alla. Un inglés de Inglaterra. Ella estudio con los discos de la Hemphill School.

¡Ay Dio' esto si es grande! ¡Ay Dio' ten misericordia!
¿Está ya la sopa?
¡Ay Dio' mi pueblo es un pueblo muy creyente! ¡Esto si es una prueba grande. Sagrado Corazón de Jesús favorécenos! Pongan CNN mujeres. Oigan la noticia.
Es una emergencia. Un tipo que trabaja en el ayuntamiento de la capital comenzó a cortar las matas y a buscarse lo suyo.
Los de los pueblos lo siguieron. Cortaron las matas. Consiguieron lo suyo. Pusieron palmas carisimas rellenas de pús. Intercambio de espejitos por oro, de nuevo como siempre. Cortando y cortando, cortaron la mata que encendía todo lo verde en el país. Se ha comenzado a secar todo. Se está secando el país completo.
Ay Dios mio ampáranos. Cada segundo se seca más y más. Cada segundo se está enverdeciendo Haiti. Con dolares? Esto parece de película. Cerraron el aeropuerto. Las filas de carros tratando de cruzar para Haiti llegan hasta Samaná. Ya se han suicidado unos cuantos políticos, hombres de negocios y de la pantalla chica, con eso de que "primero muerto

que en Haití". Algunas presentadoras de televisión ya idearon sus nuevas ediciones en francés. Modas francesas. Quitando el sudor del caribe. Perfume francés. Comida brûlée. "Porque ustedes ya lo saben, la revista de sociales lo dijo, yo estudié en la Alianza".

Norma por fin cayó en tiempo. Sufrió muchísimo cuando el novio se casó con una doctora de la piel, allá en la capital. Después del tipo tener sus hijos y restregarle a ella su gran unión, dizque el second time is always better...se enredaron de nuevo. Ella era que lo llamaba desde aquí. Pagando con tarjeta Arepa todas las llamadas. Hasta le mandó el pasaje y se vieron en Florida. Suerte que ella le sacó los pies rápido. La moraleja y preguntas del cuento incluyen:
"¿Eso era lo que a mi me hacía falta? Si tú ves aquello. Ni guto cojí. El fin de semana entero ese hombre entre gutico y gutico se pasó calculando cuánto pagó por el hotelito con el cambio de pesos a dólares. Poco espléndido.Tacaño el cabrón. Yo comí lo que quise y lo pagué. El con su grilled cheese de 3.50, tres veces al día, todos los días. Me despedí con un beso en el cachete y le dije: licenciado, un dollar por 33 pesos. Mujeres no envidien maridos ni hijos de nadie. Lo que se ve es bulto. El precio de esa maleta, que por ley no puede llevar ya 70 libras de cachibaches, es muy cara and not

that católico que digamos, anyway." á

Yo no sé que vamos a hacer con nosotros y los de nosotros. Nosotros no somos ni de aquí ni de allá. Aunque nazcas aqui. Como le hacen a los haitianos alla. Tus hijos y sus hijos seran siempre ciudadanos de 5ta clase.
Un Americano con apellido Martinez.
Que diria Mr. smith?
Cuando digo que no somos de ningun lado, es que no nos quieren, ni aquí ni allá. A los hijos nuestros tampoco (Hasta que lleguen al NBA). Ni aquí ni allá. No importa que nacieran en la 114, la 59, la 168 o Morris. American, no accent, baby boy, baby girl.
Estos carajos de la vela se empeñan en tener una bandera de allá. Nunca han ido allá. A mí que todavía no me saben gustar las banderas. En verdad que la migración ayuda tanto como jode. Diantre, esta vida no se queda con na' de nadie. Y nadie se queda con na' de la vida. No te puedes llevar na', ni los recuerdos. Ay Dio.' Mejor así. Ni de aquí ni de allá. To' sin na'.
Total, ¿Qué es lo que es aquí. Que es lo que es allá?

Pero peor es ser imigrante sin haber salio. Y yo conozco varios. Ves, vivir es el lio. Y lo haces aqui o allá. 2012, tuyos!

Cecilia vive en el centro centro centro del mismo Ni e´. Este departamento tiene puerta diferente. Mas grande. Con dos angelitos en las esquinas. El verde de las puertas, ahi es mas intenso. Cada noche ella pone su mosquitero, tambien verde, con dos tiras de sogas y dos de tela. Ella sabe que aqui no hay mosquitos. Pero dice que si no es con mosquitero no puede dormir. La he visitado 7 veces a la hora que se que esta en su vaina chula. Es cheverisimo ver como el cuerpo le cambia. Camina. Baila lento cuando va de esquina a esquina, a asegurar en un clavo las tiras que hacen del mosquitero de Cecilia la sombrilla nocturna del Ni E´.

La viuda del 9k, Doña Tinita, nos llevó a todas a salir en las noticias de las 11. Ustedes no me lo van a creer. Pero ella conoció a un hombre por internet. Mira que le decíamos Doña Tinita la poquita y oye que sorpresón. Dice su sobrina, la culichumba, que después de eso se le rompía la computadora a cada rato. El lío era ella enseñándoselo a la camarita, enganchá en sillas, mesas, baúles. En todo lo que ella pensaba que era sexy.
Bueno, el cibernético apareció y le barrió el apartamento. Se llevó desde la tarjeta de seguro social hasta la computadora que retrataba los pedacitos donde vive el 'guto.

Ay Dio', ahora ella parece que se va a morir de la vergüenza. No se oye ni rezando el rosario. No se le ve ni botando la basura. Ella que había comenzado a reírse y a pintarse las uñas y la boca de rojo.

Si. Si, esas cuatro muchachas son de aquí. Si son nuestras. Son de allá. La china, la colorá, la rubia y la morena con los moñitos. Sí. Con nosotros hay que joderse. Tenemos de to'. Somos de to'. Nos parecemos al mundo entero. El mundo entero se parece a nosotros. Es verdad que parecen un anuncio de revistas.

Carajo. Otro huracán. La misma vaina. Todos los gobiernos rezan para que le salgan unos cuantos huracanes cuando esten en el poder. La mejor excusa para no hacer lo que hay que hacer. Sin críticas y con donaciones. Hacer lo que tienen que hacer es como si fuera un favor especial. Con muchas fotos. Muchas entrevistas. Desde el día 1 se sabe que hay una temporada de huracanes. ¿Entonces?

Con esto de las champañeras....las del Ni e´, las dominican Yorks y las Dominican-Euros, quedamos como monjitas de clausura. Por lo menos en este entierro no tuvimos vela.

Ustedes no van a creer que encontré en una caja... ay Dio'mio. Encontré todos los álbumes de postalitas que llene cuando vivía allá; un sobrecito con las vigas y otro con las burras; el de la naturaleza, el de los luchadores, anatomía, geografía mundial, el de historia y monumentos, el mundo de los peces, el de los peloteros, el de los baskebolistas. A mí me gustaba la botánica y la geografía por todo lo que aprendí con la fiebre de las postalitas. Aprendí todas las capitales del mundo. Te puedo señalar en el mapa donde quedan esos países. Guardé esto para darselo a mis hijos cuando los tuviera. Pero mi hija me mira con esa miradita que jode. Esa miradita que dice que todo lo mío esta pasao; que todo lo de allá no sirve. Abrí el álbum de geografía y ahí estaban las postalita de la tribu Masai. Un Moreno brincando con los moños como yo me peino.

Desde este piso se ve clarito el restaurant La Quebradita. Con tortas, tacos, pizza, tamales de elote y bachata. La música de los tígueres del sur, los durangos del caribe güey.

Yo todavía me estoy riendo de las ocurrencias de Cheila, óyela:
"Esteban y yo nos dejamos hace una semana. Yo lo llamé para que viniera a ponerme tres bombillos que se fundieron.
- "Qué bombillo ni bombillo, yo sé pa' que tu me

llamas".
"¿Tú crees que yo te estoy llamando por el ripito viejo
ese?".
- " Si, zorra fresca".
"Y si es así, ¿que tu va a hacer?".
- " A subir, yo estoy aquí abajo".
"Un día de estos, nos vamos a soltar en banda. Pero ya que estas ahí, zorro tímido, sube, sube Esteban- dido. Sube allántame y pónme el bombillito ese".
LMAO

Las cartas sin abrir casi siempre son biles que no se puede pagar.

Son 20 años que yo llevo durmiendo los viernes y sábados con Víctor. Él es casado. Su mujer trabaja dos días cuidando a una vieja rica. Esos dos días, esta vieja que está aquí es rica, ricacha. Yo le aguanto a ese hombre sus peos toda la noche, su sicote y dos horas de noticias en la televisión. El me aguanta mi embatumá de mentol, mis rolos con redecilla y pañuelo y mi orinadera toda la noche. Más de ahí no queremos. Um um. ¿Pa' donde va este par de viejos?

Acabo de llamar a mi sobrina. Me ha puesto a su hija de un año al teléfono. Por dios mujer date cuenta que solo tu y tu marido entienden lo que dice tu hija. Cogí un pique que la muchachita lo entendió. Decia algo que se parecia a mami. Mi sobrina gritaba "óyela dándole queja a tía. Mírale la manito como una gente grande. Ahora camina de aquí pa' lla con el telefono. Yo me la como. Yo me la como". La que iba a comerse a alguien era yo. Y no precisamente a la chiquita.

Jasmeiry es hija de Flora de Oro Pérez y un militar de carrera. Así siempre dice su abuela cuando la estamos esperando en el hall... Sigue la doña: "Mi nieta es de buena estirpe, pero mírale el compinche. Aquí habrá luz y agua siempre pero aquí estos muchachos son como los bueyes, tiran pa' lo monte". La nieta es igual. Es comparoooona y echona. En el cine ella es la que compra más dulces-en la 34 ella es la que compra más ropas-donde los chinos ella pide tres platos distintos y no se come ni la mitad de uno. Va todos los años a visitar a su papá, que tiene una casa con piscina, caballos, trabajadoras, jardineros, choferes con machine guns. Cuando regresa a comer de welfare sólo le queda el "mi papá tiene seguridad, mira la foto". Siempre que ve a uno, así sean 10 veces al día, pone su cara, con colorete de revista, con el cachete de uno y besa al aire. Muac. Muac. Muac.

Ah gente que besa al aire!
Ella dice dizque que así es que lo hacen en las
novelas brasileñas que le gustan a todo el
Ni e'.

Mira muchacho er' diantre, apéate ese
pantalón. Te vi sacandolo del jamper otra vez.
Míralo. Míralo. Sale paraíto del sucio. Puerco
viejo. Mira..le huele el bajo!

Corran, corran, que jolopiaron a Cornelia en
frente del edifico. Corran, que está sangrando.

Pero si la Madre Teresa tuvo su tiempo largo
que no escuchaba a Dios, ¿qué tu me dejas a
mi?

-Diantre, todas las hijas de las mujeres del Ni e'
hablamos igualito a la mai. Los varones hablan
más inglés que las hembras. Quizás porque no
están nunca en la casa. Están siempre en la
calle brujuliando. En esa jangiadera eterna.
-No, no es así, los dos hablamos inglés. Ellos
no hablan español. Hablan como los morenos.
Nosotras hablamos como las morenas, con las
del cuento, como las ñañas, como las boricuas,
también tenaz, como las mujeres del Ni E',
como nos da la gana. Así hablamos
las yorkdominicanyorks. En Dominicanish.
¿Tienes problemas con eso?
-Ya, ya, ya entendi. No hay que pelear por eso
muchacha.

Nosotros hablamos de todo esto porque en verdad nos importa el Ni e' y el allá. A nuestra manera. Es verdad. Pero nos importa. El día que no nos importe, se oirá el güiri güiri solo, a la rocka. Ya te aviso. Eso vendra. Ya lo sabes.

Ahora te toca a ti Xiomara. Tu minuto de fama.
Tu con tus uñas largas y torcidas como cotorra.
Tu con tu maquillaje de cejas permanente.
Dígalo 'uté.
Ahora e', Xioma!
-¿Y qué tengo que decir?
Lo que tú quieras.
-Ay no tengo nada en la cabeza ahora.
Palo si bogas. Palo si no bogas.
Si voy. Si me quedo. Si no regreso.
Si regreso muy a menudo.
Si te lo entran llora.
Si te lo sacan grita.
Palo si bogas. Palo si no bogas.

Miosotis es la recién llegada. Ella es géminis. Geminis o Ophiuchus. Estudió allá. La que más sabe. La licenciada. Tiene sus diplomas enmarcados en la sala. Ella siempre dique que estuvo bien allá. Bregó y bregó dando conferencitas aquí, desfilando con una bandera, tomándose fotos con los políticos en la 6ta y en la 5ta, organizando ferias de cosas de allá, cobrando aquí tres veces el cambio; hablando lo mismo que está en los libros y de arroz blanco en cada tumbe cultural que hacen

los de todos los gobiernos de allá, aquí. Bregó y bregó hasta que se quedó. Y eso, que estaba bien allá... Oye, dijo que vino a darnos clase de cultura dominicana. La profesional, la especialista, la mamagüebista.
Clases a nosotros los lawless goats-chivos sin ley, cadenuses, ñames con dólares, sin etiqueta y protocolo. Ella que para hablarte te topa muchísimo. Damn, esa vaina me prende man. Te apuesto a que si regresa, con sus tres ñarritos mesesitos que tiene aquí, va a jartar a todo el mundo con que no se acostumbra a ese desorden, que si el calor, que si el ruido, que si el agua, que si la luz.
Hablando mas en inglés que lo que ella sabe. La maestra, la tícher de cultura dominicana, sólo habla de lo que dicen en la televisión y en los periódicos. Jura que ahí está la verdad. Cuando hable inglés se va a joder más, con las networks de aquí, haciéndole fao desde la casa blanca, en esa cabeza teñía.

-Me dio algo. Me puse mala. Cornelia contaba lo del jolop y mis manos se me pusieron frías, las piernas me temblaron, el estómago se me cerró. Después de eso, yo no he podido dormir. Cada vez que salgo es mirando para todos los lados.
*Pero tú no eres la protagonista esta vez. A Cornelia es que tenemos que atender, no a ti. Te tocó papel secundario muchacha. Ponte en tu sitio.

Le decimos Cathy pero su nombre verdadero es Catalina. Según ella es la chica cosmo. Desde su órbita le ha creído a la revista que se puede tener todo al mismo tiempo. Se hizo el test de la personalidad que le confirmó lo bendecida que es-buena amante-inteligente-buena madre. Nacida para tenerlo todo. Porque ahora hay que tenerlo todo. I meant todo lo que se ve. Todo lo que aparenta ser todo. ¿Quién fue que dijo que eso era el todo? Así que ella tendra profesión, marido fiel y rico, hijos, cuerpo sin estrías ni celulitis, casas, apartamentos y time share en el mundo, carros, viajes en avión y cruceros, muuucha ropa, carteras y casi casi todos los zapatos de la que fue dueña de Filipina. Coje ahí. Representando al Ni e', en este gran concurso del universo...la gran Cathy. Miss Cosmoghetto. Missed. Yeeeah, some reality missing. Somebody give Cathy a hug please. ¿Quién ha dicho que hay que tenerlo todo? ¿Quién carajo ha dicho que esas son las cosas que componen el todo? O qué se puede tener ese todo....Cataliiiiina please, wake up and smell your grajo.

Cuanta vaina una arrumba aquí.
Aquí y en Pekín. Eso e´ humano. No se joda por eso. Eso es lo que se hace aquí. El que guarda encuentra. No te preocupes. Después

uno se muere. Arrumba las flores secas y el calor de las velas. Y cuidao.

Aquí en el Ni e' hay solo un espíritu que nos visita y deja huellas. Cada tres años desanda por aquí haciendo su daño. Esa alma solo existe para enseñarnos el dolor que da el perder un recién nacido. Un dolor muy particular. Que siempre comienza con preguntarle a Dios el por qué a mí. Dijo la clarividente del Bronx que ese es el espíritu que nos cuida. El angel que nos enseña lo que necesitamos aprender en esta vida, aquí juntos. Que ese es el angel guardián de este país continente-mundo Ni e'. Ya sabemos cuando viene. Lo que no aprendemos es a que nos duela menos la partida del angelito. Ahí tenemos cada tres años y once meses el entierro del ángel que viene al Ni e'. Increíble. Todo lo que hay que aprender hay que vivirlo. Las lecciones están bien detalladas. Al papá, a la mamá. A los hermanitos. A los vecinos. A todas las mujeres. A todos los hombres. De cierta forma algo grandioso pasa. Sobrevivimos. Seguimos, con lo que vemos. Con lo que no vemos. Todo es un Ni e'.

Doña Rosa, la del 1C, no dejó que su hija Hortensia se casara con el negro Clavel o solitario rojo de Alabama. Y mira tu, ella come y compra todos esas flat Tvs, máquinas para hacer pan, máquinas para lavar y secar y todo lo que le venden y ella no usa, porque tiene cuatro morenitos de foster care. Ella es su madre adoptiva para los checazos y darle todas las pastillas a esos muchachitos para que ni jueguen. Los checazos no cubren la pela que es tener a esos pobres muchachitos. O la pela que cogen los muchachitos. Ahí andan alelao, todavía mamándose los dedos. Comiendo más plátanos, yautía y queso frito que tú y que yo.

Herminia, la vecina de mi mamá, tuvo al hombre lotto. El Kalimán. El hombre increíble. Pero sin turbante. Él bajaba la tapa del inodoro, limpiaba la bañera después de bañarse, cocinaba con ella, hacían compra juntos, atendía a su hija, le traía flores, la arreglaba siempre, le gustaba estar con su mujer. Amoroso el hombre... y por lo mismo ella estaba siempre chiva. Lo acechaba en el baño a ver sí el orinaba sentao; le rebuscaba en las camisas y le inventaba unas mujeres en la factoría.
Se lo decía a sus amigas: que quizás un día el hombre increíble le iba a decir que era pájaro, que tenía una familia en su pueblo o que era un

maníaco y la cortaría en pedacitos un Domingo de Ramos. Una de sus amigas se quedó con él. Todavía es la hora que viven de lo más bien. Herminia por suerte lo cuenta con risas y muchos refranes: "Barrigón aunque lo fajen; perlas a los puercos; morirse en la víspera de la muerte. Pero mija, a mí nunca me enseñaron que eso podía pasar. Menos a mi, la hija mas grande de Fela".

Ahí anda Kay como mariposita bailadora. Está organizando el cumpleaños de doña Francisca. La Paca cumple 100 años este viernes. Vamos a celebrar el fiestón en el lobby. Si, le pedimos permiso al lando. ¿Tú crees que el se iba a atrever a decir que no? El no e' loco.
¿Paca, ta' contenta. Díganos el secreto?
-Eso. Ta' contenta con lo que se tiene. No querer lo que no se tiene. Cuando pasa algo bueno, me recuerdo que eso va a acabar. Cuando viene algo malo, también. Nunca he puesto un pié en ninguna iglesia. Mi iglesia ha sido mi casa. Mis vecinos. Yo. Ahora en los últimos 27 años, mi iglesia es este Ni e'. Eso me ha ayudado a que nadie se meta entre Dios y yo. Oh... también tomo té dos veces al día. Como lo que tenga. No veo televisión. Oigo radio. Soy jamona porque quise. He cuidado los hijos y los nietos de mucha gente por ochenta años. Me rio mucho. Hago ayunos. Y me gusta estar sola al igual que acompañada. Ahí tienen la receta de vida, para la vida.

Yolanda parece que tiene un punto de celulares en el 4h. Tiene de esos celulares con cámara de fotos, de videos, con música, con internet, con televisión, con libros, con el banco, con fax, con mensajes escritos- dichos- cantado, finititos, de colores, que vibran y hasta cantan el himno nacional. Lo que menos se hace es hablar con otra gente, desde sus aparatitos. No me tires. No la llames. Que ninguna hembra le gasten los minutos en llamadas. Dice siempre. Este fin de semana sus teléfonos no sonaron ni una vez, con todo y el plan Roll-over-todo el fin de semana gratis. Esa muchacha se quería morir. Ese teléfono mudo y ella delirando. La suerte es que como ella brega con comunicación no pagara impuestos allá. El gobierno le pagará también la deuda. Imagino.

Una cosa que yo siempre digo es que quien sale de su casa e' un perro. Pero como ¨perro¨ cuida a esa casa de donde uno salió. Mira lo que han hecho todos los que han salió de allá...donde quiera que hay más de dos dominicanos, ya ahí se comienza a vender los productos de allá. Hacen mover muchos cheles por nostalgia.

Cuando hablan del "triunfo en el extranjero" de los artistas de allá, ponle que más del 50% de eso lo mueven los dominicanos con su corazón compartido en urbes y provincias. Así que no solo es remesas lo que movemos. Nosotros, los ¨Ausentes¨, la vergüenza de muchos, la risa de otros, el mango bajito de un paquetón. Kapikua.

Un hombre sale del apartamento de Pura y le dice a Omairy:¿Esa mujer tendra dueño? Córtame los ojos de nuevo. Mátame degracia. Pa' salite de noche. Y quedarme contigo hasta las 4.

El pora que ponga tres pasitos, las pegas, los moteles y la tiza en el laundry. Hay demasiados ragieritos y cucarachitas americanas. Perdonen amigos americanos, salva-animales-y-que-se-joda-la-gente. Pero esta ciudad esta infectada de ratas, cucarachas y chinchas.

Venecia 7B trabaja cuidando la puerta de la gallera que está en el edificio next door. Por fin entre a su casa. E' ma chula. Tiene discos 45, 33 long play, eight track cartridges, cassettes, Cds y DVD. Todos funcionan a la maravilla. Tu la ves y no aparenta todo lo que ella sabe de boleros y boleristas.

Candida, la del 7C, es el clon de Colón y sufre del colon, por el Colón effect. Conoce a la 1ra dominicana que se cayó en la nieve, al primer dominicano que se retrató al lado de un carro ajeno, a la primera dominicana que se hizo ciudadana, al primer dominicano que ganó una demanda y otras 16 vainas que por supuesto alguien tenía que hacer primero.

El mamagüebismo de Candida es diez veces más grande que las difuntas Torres y mi mala reputación juntas. Carmen and her Columbus syndrome dicen que están como el amor del caballero de la salsa. Para la historia.

LOL

Ahí anda la Kay enamorá de un tal Oscar Wao, que por lo que ella me ha leido, el tipo no esta en na'. El Wao ta' quedao. Ella dice que es la viuda de Wao.

Ella con su afan de ser escritora siempre está leyendo. Ahora no se calla con que si quien escribió del susodicho Wao es un dominicano de New Jersey que se ha ganado un premio de Americanos. ¿Viste por donde andan los dominicanitos?

No hay fiesta en el Ni e' que no tenga un grupo de gente bailando como si fueran el frente de un combo. Que gozá compai. Que can. Que gozadera.

Ay, se me olvidaba la mejor. La flaquindé. La entremetía, la petiseca del 1er piso, que le lleva la vida a to' er' mundazo. Yo creo que ella fue la que comenzó la campaña de calie-chota anti-terrorismo, todos-contra-todos- Si-ves-algo- di-algo-shit. Esa, la Doña Elvira, que vino para acá en el "1955". Ella trabajaba para la embajadora Dominicana. Esa, a la que le hacen todavía homenajes. Para esas ocasiones esta se pone unos sombreros llenos de polvo. Llenos de cosas no muy claras. La Elvira viene con eso desde hace mucho tiempo. Por eso le dicen calié. Yo que creía que ese era su apellido."1955". Cuando dizque los dominicanos no éramos comía e' puerco. Chuiiiio (teeth sucking sound).

Baje a decirle a Benedicto todo lo que yo tengo en mi cabeza. Señores...la gente llorando porque le tomaron una foto al papa. Ay Dio. Nadie me puso caso. Yo decía mi confesión, como un rezo, algunas veces como la lotería-cincuenta peso, otras veces como le reclamo al varón de mis amores. En español, por supuesto. En la fila creerían que yo andaba en lo mismo que ellos. Mira lo frikiao, había una mujer con la foto de Jesús en la que el lanza unos rayos desde el corazón. Sus manos están como ahora lo usan los raperos. Ella estaba seria. Sentía que la conocía. Mire de nuevo para donde estaban todos los policias

de la ciudad, mas veinte mas. De momento, después del truck de motores que iban haciendo bulto delante del papa, había un olor a rosas. Miré a la mujer...y era la Virgen. Con la cabeza como ella la pone, hacia la izquierda. Le decía al papa un répite en un idioma que yo no entendí pero sentí. Le recordaba al alemán católico que los hermanos del de la foto, su hijo, son estos que están aquí afuera, no los de la limosina, ni los que necesitan ametralladoras para defenderse. Benedicto tú lo sabes. Recuérdate. Te lo dije. Amamos. Y por eso morimos. Sin guarda-espaldas.
Lindos tus zapatos rojos. Pero ahí no es que está. Lo de los zapatos rojos se lo agregue yo. Pero lo del amor lo entendí en español y en inglés. Me puse fría. Me dio una contentura por dentro. Cuando abrí los ojos, ella se desaparecía poco a poco. Así como en las películas. Creo que yo sola la vi. Aquí ando con un olor a rosas. Mai e mai.

Aquí ya estamos cambiando de palillo a floss. Yo no se como esa vainita trabaja. Pero trabaja. El ingenio del vivo, el muerto lo sueña o se lo secretea al vivo que se muere. Esos muertos en su vida eterna. Señññññores.

Entonces la Malona se dio al Americano que da palo a una pelotica. El Americano de apellido Rodríguez. Bueno, si la griega se riega, hay unos millosoncitos abajo. Pero de donde vienen hay ma'. Eso pa el no e' na. Los de comprar los double blubble.

Porque no es de ahora que nosotros estamos aquí. Hay mucha gente que tiene familia que también llegó en barco. Mi familia y yo hemos visto pasar aquí diez presidentes. Viviendo el once. Si, mira, Eisenhower, Kennedy, Lyndon B. Johnson, Nixon y su watergate, Gerald Ford, Jimmy Carter, Reagan, el pai y el hijo Bush, el William Clinton y el Moreno Obama papi Barry (dos veces!).
En alcaldes… desde Lindsay hasta Bloomberg. ¡ah! Carter el que mas me ha gustado. Hombre de palabra. Buenas acciones. Y mucho maní. Así que no me digan que si no me gusta lo que está pasando aqui que me vaya. Que los que se van son los presidentes. Nos quedamos donde ellos nos encontraron. O donde ellos nos tiraron. Aquí en el Ni e'.
Vimos el Judy Garland Show, el Show de Andy Williams, el de Ed Sullivan, Andy Griffith, The New Bill Cosby Show, The Richard Prior Show, The Redd Foxx Comedy Hour, Los cuatro especiales de Lola Falana, Carol Burnett, Mister Ed, Gilligan's Island, Hawai Five-0, Mission Impossible, I love Lucy, Sunny & Cher, Donny and Marie Osmond, Solid Gold, Los Honey- mooners, Soul Train... El show de Rolando Laserie,Viendo a Biondi, Kakukomicos,La Chacón, Noche de Gala...

Nunca vimos a uno de los artistas nuestros. Igual aplaudíamos a todos. Ahora hay que joderse con los dominicanos. Somos muchos. Hay que incluirnos. Quieren los cuartos de nosotros. Así es que trabaja la solidaridad. Por los verdes.

Hoy se acaba de mudar al Ni e´ Ximena. Mujer de otra isla. Isla de Pascuas. Yo no se donde queda eso. Pero como es isla debe querer ser su propia dueña. Debe estar cerca de diciembre. O por Semana Santa. Pero sé que ella, la Xime, pertenece también al Ni e'. Ta rompia. Y rompe. Por eso llegó. Obvio. Isla de Pascuas, bonito el nombre. Ya habló con Kay. Kay la va a llevar a la tienda donde ella trabaja para que resuelva. Pa´que rompa.

Yo también fui a ver al Papa. Me puse bien contenta. Porque a mí me gusta el gentío, sea lo que sea. El mercado, una procesión, el desfile, unos rezos... No lo vi. Las dos veces que pasó el carro presidencial, con la bandera de vaticano el miró para el otro lado. Pero hasta los tulipanes de Park Avenue se cerraron para ni verlo. Se cerraron cuando oyeron lo que se gastó en la seguridad del de los zapaticos rojos.

Aquí todas con el menú de Ajo y Agua
rondando.A jo derse y a Agüa nnntarse. Las
fulanas, fulatinas, sutanas, sutanitas,
menganas y sutanejas.

Aquí también vivo yo. Aquí nací y me crié. De
loca vieja quería traer a ángeles a la gloria O
más diablos al infierno. Ángeles al infierno.
Infierno en la Gloria. Gloria en el infierno.
Seré yo sutana la muerte pa' llevarme nadie.
¿A llevarte de qué? ¿A traerlo de qué?

En este building-isla-barrio-pueblo
está el mundo y muchísimos universos.
Cada cabeza es un mundo.
Hay muchos mundos en cada cabeza.
Made and in the making.
Made in Ni E'.
Ni E' making.
Todas compramos la misma marca de
arroz grano largo, aceite de maíz y
aceite verde, el de la latica cuadra'.
Mi mamá prefiere la sal que tiene la
muchachita con una sombrilla, no la de
la cabeza colorá que le gusta a mi abuela.
Las más jóvenes tenemos yogurt en la nevera.
Y las mayores, un vaso de agua con una tablita
de alcanfor en la puerta. Sí, es verdad. Hay
algunos muebles forrados con plástico. Se
forran de plástico hasta que se te muere un
familiar. Después uno se pregunta para qué
quiere uno que le duren las cosas más que la

vida. ¡Qué se rompa to'!   ¡Qué se acabe to'!
También hay flores plásticas y de sedas. Pero
no son la mayoría. La mayoría tenemos futones
sin mesita del medio. Ya quedan pocos
biqüises.
Todas tenemos matas muy bien cuidadas.
Todas y cada una de nosotras usamos jabón
de cuaba. Con o sin miel, nunca de melón,
pero de cuaba.
Morisoñando con minute maid; arreglando las
sopitas instantáneas con papas, zanahorias y
pedacitos de yuca; San givin' con 'epagette y
ensalada rusa; pilón y canquiña pa' Halloween.
Y un angelito pa' Christmas.
Potatoes are not that hot. Forget about the 5th
taste.Yautias con aceite verde are the real
thing. Umami babai. Bye. Bye.
And then, the finalist, Majarete. Sin ninguna
traducción posible, el mejor de los postres del
mundo, by far.

 En cada apartamento se cocina lo mismo pero
diferente. ¿Tú me entiendes?

Yo no sé quién fue que escribió toto en el
elevador. Pero fui yo quién escribió todos los
nombres y apodos posibles del bin bin, en los
dos idiomas.

Mi isla, mi pueblo, mi barrio, el pueblo-mundo que es mi building es hecho de women as heads of the households. Y todas borraron con mierda e' gato las idas y venidas a sus pueblos.
Now I understand why.
Ay   why   Ay los tigers...These men...
They look like they do. But they don't.
They sound like they do. But not quite.
Overrated souls. Overrated beds.
Good to hear. Great to know.
Over. Overcome. To overcome.
Rollover minutes and hours. Move over.

To tell you the truth... las Dominicanyorks, ique las más malas de la bolita 'er mundo, las no mezquinas, las fáciles, walking pesos, running dollars, somos las del medio, entre la prometida, esposa o la cuera y la Europe-americana por conocer and kiss frituras good bye. Fuck that.

Lo que es verdad es que no sacamos caspa ni nos ponemos luto por el que dirán. Que cada quien se entretenga sacándose su propia cota. Ay Dio', yo hablo igualito a mi mamá.

The best thing is that, honey, I have a round - trip ticket. I will miss you. Yeah, I will. But I will miss you con con, with Con Edison meter a to' meter, water, food in my fridge and a 48 hours work schedule. Así sí. Así ta' to'.

I want to go home. I give up.
I want my mommy.

Nothing to brag about. This building is full of
strong, sometimes sad, lonely women and
fatherless children. Eso sí, every apartment
como casita de muñecas.
But then again, that 's the real reality.
Redundante, dice mi mamá.
Bringing home the grammar shit from her
community college.
Sooner or later you end up like this.
We got it sooner. No sweat.
Capicúa big time. Big time capicúa.

Cada semana le pregunto a mi madrina como
conoció a mi padrino. Me dice exactamente lo
mismo: "Fue en una fiesta aquí. En el Happy
Hills Casino. Yo estaba una muchacha. Me
recuerdo como ahora el vestido que llevaba.
Parecía de las Supremes. Los cabellos
recortados como los Beatles. Así se usaba.
Él desde lejos me hizo así con el dedo
(moviendo el dedo índice en forma circular. El
dedo apuntando para abajo). Yo bajé la
cabeza. Sin mirarlo le dije que si. Bailamos y
bailamos, hasta el sol de hoy".

I give up. I have the tools of the trade but how do I use them to always bake bizcocho con suspiro and the cherry on top? ¿Me copias? the ABCs of love. Copied? Estoy tanteando hasta llegar al cojollito, habló la 10-12, dame tiempo dispacher.

But check this out...
El edificio de enfrente has many so called families. Families married con velo y corona en Erre De o aquí USA; con bizcochos de muchos pisos y 1107 fotos- las mismas que se toman todos en todas las bodas, sin batteries ni happiness included. Qué paquete. Nada original beibi. Again, sin batteries ni happiness included.
Y los ojos de esos hombres sólo miran hacia afuera. Nunca a su lado. Nunca, ella y él miran juntos al mismo sitio. Mucho menos, esos ojos nunnnca se miran hacia adentro.
Las mujeres van de vacaciones a DR solas. Ellos también. A la brigandina, como dice mi mamá. Al hombre dique bueno, la mujer lo macanea. Anda siempre pianito. Ella e' su mamá. La mamá pegona.
El dique malo, se cree el sabroso. Y lo que e' es un buen baboso. El que parece un chin menos jodido, ese vive con su extranjera. Su china. Su europea, la de zapatos muy cómodos y así mismo de feos. Su americanota. Con su blancota, su New Yorker y su New York Times.

Esas que quieren sus brown babies, "oooh yes I die to have a brown baby. But mine will not behave like those. Mine will be a coconut, brown just outside and white inside. Cute. Really cute." El chin menos jodido será zanky panky tres veces y de por vida. Con su muñeca-mujer-esposa blanquita elegida; con los hijos que cargará y con sus nietos que añoñará. Uno más pálido que otros. Hijos-nietos...que cargará-paseará-se tomará fotos, la pondrá en Facebook..."son bonitos mis hijos-mis nietos...son los mas inteligentes de su curso...mírale el pelo, mírale los ojos, son grandes artistas...se comen asi asi asi esa computadora...los mejores". Si la jeva es negra, una en quinientos mil noventa y nueve, tú puedes jurar que no es nacida allá. Porque las de allá lo merecemos cuando ellos están jóvenes y pobres o viejos y destartalados. Y e' fácil. Dizque le gusta la música del batey. Yeah, right.

Ese sí tomó en serio lo de arreglar la raza y llegar premiao a su pueblo. Con sus hijos rubios hablando unos güiris güiris muys fisnos. La abuela se pone de desvanecía. Los vecinos con envidia. Y por lo menos un primito se queda con las moscas, los mocos y con

el corazón hecho trapo, sabiendo la diferencia entre el americanito y él. Aunque cuando vengan le compren pizzas y le traigan ropas con olor a nuevo. Hasta lo llevan a los hoteles con playas rellenitas de pieles blancas, tetas afuera, que se vuelven roja camarón.
Aunque llenen la nevera de cosas de revistas, que la abuela le niega cuando no está delante de los visitantes-reyes magos-santi closes sin barba y con carro alquilao...Quesemueranque semueranquesemueranquesemueran. Reza el primito. Sin que nadie sepa lo que dice.
Por supuesto, ya no quiere que su mamá ni su papá sean su mamá y su papá. Regozo y pase una desgracia.

Ayer, la Rusa que vive con el dominicano talle-alto insultó a Pura. El quizás conoció a Natalie la traductora. La de la plaza roja desierta. La de la plaza roja muy blanca; la que Ha blaba en Frances muy sobrio…
Ella, la rusa del dominicano, no Natalie, le dijo que ella tiene un PhD y que ninguna de nosotras ni sabe que es eso. Pura le dijo que es verdad. Que ella no sabe y ni quiere saber. Porque a ella PhD no le está probando muy bien que digamos. Que la tiene divariando mientras el mariito se coge a las muchachitas del afterschool.

Él, el singuita que habla tres idiomas. Le brega otras matemáticas a las singa en rufos y moteles de New Jersey esas. La mai de esa muchachita poniendo la mano en la candela por ese avión. ¡Ay de ti que diga la verdad!

La dominicana que vive con el veterano dedientao coje una pela fuerte. Ese tipo esta medicado. Le dan unas rabietas en inglés. Eso es mucho fuck you bitch. I kill you. No le envidien su Mercedes negro ni sus viajes en crucero. Yo creo que los dominicanos que se casan con extranjeras no son los más malos. Pero los que les tocan a las dominicanas están todos damaged. Ese intercambio ta como jodon.

Ahí enfrente esta la mujer del Coño Sur, como dice ella. Tiene sus hijos con un dominicano. Siempre está diciendo lo malo que son los dominicanos...con ropa. Ya me tiene agita de tanto decir que nosotros no hablamos bien el español. Se ríe porque cambiamos la L por la R; que si no ponemos las eSes. ¿Seré yo dueña de algún idioma? Ella con todo y su Buena pronunciación, aquí está en lo mismo que nosotros, cogiendo lucha y cupone. Perdon, cuponesss, con eSe al final. Anoche le dije que si se pronuncia la R donde nosotros ponemos la L, se baja la matriz y se seca la risa. Se quedó con la cara como un mormón.

Ahi en la puerta del edificio está el taxista moreno de pelo lacio hecho una fiera. Como Minga ya no se lo da ahora ella es una loca vieja. "Esas mujeres del Ni e´creen que lo que ellas dicen es importante. Que lo que ellas hacen es ley. Deben de morirse todas. Cueros, patas, disparatosas, malas, sin vergüenzas". Agarren a Kay, que ahi va con un bate a darle al tipo. A desgraciarse solo por lque ver a un enano correr. ¿Quien dirá lo importante. Él?

Diana la buenamoza, se casó con el primer pendejo que apareció con ciudadanía, carro alquilao y las papeletas del bulto. El caso era salir de allá después del plantón que le hizo el enamorado educado que se la cogió por años en la capital. La mamá movió potecitos. El papá aconsejó al pendejo. Las hermanas le hablaron a sus pastores, curas y sicólogos. Ahí esta: ya tiene su residencia temporal, su hijo bonito, su apartamento de catalogo de IKEA. Pero tiene al primer pendejo que apareció más encima del moño. El precio de esas soluciones siempre es más alto que lo que aparenta el problema. ¡Que coooosa!

Diantre ese tíguere que vive con Doña Victoria si lo tiene bien puesto. Le roncan man. Ella hablando conmigo... Él viene y me saluda. Se queda con mi mano en su mano y me rasca el medio de la palma de mi mano. Así mismo le dije, rácate el culo, 'aqueroso.

Ella, con la vaina de todo el mundo: "gorda ya deja de hablar así tan plebe, ya eres una mujer". Yo coño seré plebe de boca y el de mente. Entonces quería yo entrarle a galletas a ella. Pero vi a mi mamá en la ventana. Mi mamá como neverita, me enfrío.

Mira, en ese edificio, el pora y el super se han tirao unas cuantas de esas mujercitas aborrecidas. A ellos les toca arreglar la boila, la plomería, sacar la basura y como de ñapa arreglar a esas insatisfechas pero dique "acompañadas" tenants. Mira eso, plomería y entrarle un pedazo del tubo muscular también. Ahí siempre hay un lío, carros de policías y sus azulados, marío y mujer matándose como dos perros, ambulancias, pelelengüas and all. Hay unos cuantos azarosos que hasta le dan golpes a sus mujeres. Los papá pegones. Esos mismos que dicen que este edificio está cundío de mujeres goberná, que son raras. Tú sabes, ellos dicen eso porque no hemos caído en el embrujo de sus grandes encantos. Porque no se lo hemos dao. Ni perra ni pata mojonaso, es que tú no me gustas. But I understand. They are the Viagra -la pela boys. They just can let their mouth run. El químico hacerle el tercer strike en la cabeza chiquita, en la grande y en el corazón. Bulto y bulto. Mira ahí siempre hay un lío.

What love got to, got to do with it.
¡TITUA! Got to do, got to do with it.
Siempre una pendejá,¡PA! ...got to do with it
TUKITI
¡KINKAN!
Is that what we are missing? Fuck that!
This ain't no white sex in the city for whites.
Here painted browncito. And no all white
fucking Friends neither. Fuck that too.
¿Qué es lo que tú crees, que lo que yo quiero
es estar aquí, con lu' y agua y vivir como allá?
Si estoy aquí, estoy aquí. Vivo como los de
aquí. Si estoy allá, estoy allá. !Daaahh!
Soy de aquí, estoy aquí y de aquí no me saca
nadie.
Voy allá. Soy de allá. Ese allá no me lo saca
nadie. El aquí es mío. Y el allá también. Tengo
residencia permanente y ciudadanía de por
vida en el Ni e'.
E' ma', yo soy del Ni-e'.
Dondequiera y siempre hay problemas, en
inglés o en español. Aquí y en Pekín.
Lo único que cambia es el día, con quién y
cuánto es. Eso es la vida. Qué vaina e'. Habrá
que hacer una unión, un sindicato de
dominicanyorks- UNDOYORK,Dot org, dot net,
UNDOYORK-SINCHOSIN-UNAENA-
PITRAFA- FURU-EFE-A-DOYOPROTO
DOYOPRONA. E' ma', me da par de dos la
parte que no te gusta de los Dominican-yorks.
Fijate, todos somos Dominican york. Somehow

or the other. Hasta que sigan cogiendo la masa que mandan de lo' paise', tienen entonces que bregar con algunos huesos deportados.
Nosotros somos todos. Ese es el package. Con los depor tivos included. Y cadenúsa será tu...

Grandote, ¿tú eres atleta? Ven vamo' a juga un rato.

Casa grande, lujosa y con verja-cárcel. Wachimanes y perros. Casa Chiquita o mediana, con rejas y candados. Perros-yale y postalita del arcángel en la puerta. Cárceles del paraíso. El paraíso así es cárcel. Con moneda pesá, mona en seda, en esos residenciales, torres, haciendas o casas de campo... serás de donde vienes: el gran Ni e' en el acta de nacimiento. En el acta de defunción.

El gozo mío beibi no tiene yipeta ni protocolo. Puro Ni e'. Que puro no es.

¿Dónde estuvieron que no los vi?   ¿Dónde están que
no los veo?

cabañas tu rísticas	Tú y Yo Aquí
cabañas turis ticas	El Sua Sua papá.
cabañas turisti cas	Un Chin
cabañas tu ris ti cas	Mi mañanero
cabañas turísticas	El Deseo

cabañas turísticas   Mi Cielo, atendido por su gentil propietario el Mudito.
¿Y los turistas? ¿Dónde están? Cua cua cua, que risa me da.
 ¿Tu ris ti cas?
Los turistas están en sus potreros resorts, sin ley para su mamagüebito illed- twisted vice-delights. Eso tiene otro nombre. Eso tiene un nombre fino.
¿Como se le llama a eso?
Pedofilia.
Eso. Eso. Eso.

La trulla me dice ahora "La beca. La beca gorda. Gordi la beca". Tú y yo, un sua sua, un chin, un mañanero, mi deseo, mi cielo.
Trying, sua sua, mentiras-trying-mas mentiras-un chin. Tried-más mentiras.
Mi deseo. Tired. Mentiras. Getting tired. Mi cielo. ¿Mentiras?
Not a moment with truth.
In fact, quite tired. I am really tired.
Infant care, pre-K and k, Primary, secondary, higher ed, mi nido, mi casita, mis primeros pasos, taquigrafía y mecanografía, keypuch and physical ed, continuing ed, college, universities.
Is there either a class, taller, taller de un mecánico, Maestro sastre, instituto to teach me the ABCs of what I really need? What I really need pa' curarme?

First I went in December, con la Comadre. You
remember. Right?
Then febrero, Semana Santa, para las
patronales en agosto and the loquera
ended up in December. Safe, sound, no
herpes, no AIDS, no pregnancy.
Thanks God!
In February, for a moment, I saw myself buying
all possible crap in Macy's one –day-many
presidents' sale. Everything but a rice cooker.
Por razones apagones, los calores,los dolores.
¡Qué cojones!

It's so true, the mind is traicionera.
Traicionera big time. Big time traicionera.
Now that I think of it, como mi mamá.
Like mother like daughter. Aunque ella
exagera. Para ella los culpables de todos los
problemas son los gobiernos. Pero para mi....
los varones. Problemas y soluciones...los
varones. Los varones, los varones, los
varones.
Y como ella, Como la historia.
¡Damn! Like history. Again and again. ¡Damn!
¡Damn!, I saw myself living with el negro. Ca sa
da. Yo ella, la buena y ella la otra. La mala.
I really saw myself casada. "Feliz". It was just a
thought that lasted a moment. De hoy en ocho
arrivo. And a long-distance, collect-call, gave
me the reality check. El negro. El negro called
asking for Khaki pants and some pocket
money.Todavía lo está esperando.

Madrina:
"Fué en una fiesta aquí. En el Happy Hills
Casino. Yo estaba una muchacha. Me recuerdo
como ahora el vestido que llevaba. Parecía de
las Supremes. Los cabellos recortados como
los Beatles. Así se usaba. Él desde lejos me
hizo así con el dedo (moviendo el dedo índice
en forma circular. El dedo apuntando para
abajo). Yo bajé la cabeza. Sin mirarlo le dije
que sí. Bailamos y bailamos, hasta el sol de
hoy".
-Quisqueya Taína, 'mija, tu vas muy rápido.
-Madrina, no hay de otra.
-Sube para que veamos los documentales de
Trujillo.
Tu padrino también te quiere hablar.
-Ya me calentó uté con padrino.
Subo después de lavar.

Padrino:
Ahora les toca a los buenos que se convertirán
en malos. Aunque los malos no se convirtieron
en buenos. Yo me entiendo. No se preocupen.
Mira se metieron en la 1ra, 2da y diferentes
3ras guerras. Hicieron cuartos y metieron
miedo al mundo.
Eso eran y son los malos. Ahora vienen con lo
del calentamiento de la tierra. Que es verdad
un problema grande. ¿Quién tiene la mayor
culpa del calentamiento de la tierra y quien le
va a sacar todo el beneficio posible? Los

mismos.
De esta buena causa jura que ya hay
y van a salir muy malos negocios. Para
nosotros.
Ahora van a vender todo dizque verde-eco-
tierra-aire- agua-documentales-conciertos-
camisetas. ¿Tu crees que se necesitan más
conciertos y más camisetas y más profetas y
más expertos y más bla bla bla? Ustedes
mejor pónganse a aprender que comen y como
viven la gente en los desiertos.
Esos siempre han sido pobres. Han sobrevivido
en climas muy calientes. Prepárense. Pero sin
show ni televisión. Ni aire acondicionado. Mira,
el té de comino es refrescante y medicinal.
En esos países lo usan muchísimo. Es
antibacterial y da un buen sabor. Hay que tener
en la casa aceite de higuereta. Desde los
tiempos biblicos se usa para curar. Hay que
cocinar con aceite de coco o de maní. Como
hacíamos antes allá. Limpien hígado y vesícula
con aceite de oliva, toronjas y sal de Epsom.
Para tener buena salud hay que deparasitarse
por lo menos dos veces al año. Hay una
maquina, el zapper, que lo hace muy bien. Eso
sí que mata los parasitos. Mi compadre tiene
una y no le costo mucho. Las veces que me la
ha prestado me ha extendido la vida. La
mayoria de las enfermedades tienen un

parasito. Matar parasitos es muy barato. Eso no le deja cuarto a estas corporaciones. Por eso aqui ni estudian parasitología. Eso es increíble. Cuando se cepillen los dientes no dejen correr el agua. Ese malgasto se pagara muy caro. Pongan los pies en agua tibia con agua oxigenada. Esas cosas pequeñas son las que hay que aprender. Aprenderlas y practicarlas para poder sobrevivir. Vivir con menos. Con lo necesario.

El daño mayor ya está hecho. No se pueden desaparecer las consecuencias. De todas maneras, desde que el mundo es mundo ha sido así. Todo ese alboroto es más comercio que otra cosa. Una moda. Lo nuevo. Prepárense a sobrevivir y no a hacer lo que diga la prensa. Que solo vende miedo. Da la información realmente no necesaria, plagada de los llamados famosos, los ricos, sus culpas y sus pasatiempos. Tú verás, el agua de los icebergs se creerá y venderá como curativa. Los de los sures se mudarán para los nortes. Los del norte para el sur. Los del norte cobrarán mucho por eso. Haber si hay moneda con que pagar. Tanto joder a los imigrantes y somos nosotros los que le vamos a enseñar a como sobrevivir en la crisis. Muchos malos se cambian la ropa para hacer lo mismo que antes. Hacer más cuartos y meter más miedo.

¿Cuáles compañías ustedes creen que patrocinan los conciertos, las charlas, los documentales y los viajes de esos que están hablando en contra del calentamiento de la tierra, incluyendo los del ex vice? Díganme. Las mismas compañías de los ladrones de minerales, aguas y tierras. Los mismos que hicieron el problema. Si, si, si, los que tienen el personaje de los malos. Los grandes son siempre grandes. Entre ellos son todos amigos. Solo afuera, en la publicidad, enseñan dizque que están en contra. Al final, hablan iguales. Hablan el mismo idioma. Comen siempre. Nosotros los chiquitos somos los que tenemos problemas. Eso no lo resolverán lo que no tienen problemas. Los hijos de machepa van a seguir muriendo con la mentira de los rivales políticos. Rivales, ya te dije, solo para la publicidad. Eso solo es un personaje. Eso sí es la eterna telenovela. Esto lo he visto yo, aquí y allá, con estos propios ojos que la tierra se va a comer. Me hubiera gustado ser parte de una comunidad que no se metiera en el cuento de la política de votos sino a la politica de cambiar las cosas. Los electos y los que desean serlo serán siempre el chiste de los dueños del zoologico politico. Lo importante esta en otro lado. Sin fotos ni campañas.

No voy a estar para ver la cogioca verde. Pero ustedes me van a recordar.

-Padrino yo no entiendo. Pero me da miedo lo que ute dice.

NLAA

Ella-Pueblo(S):
Al llegar allá, los de aduana me dicen
"¿Cuándo se va?", "Dáme lo mío", "ponga algo
en este sobre", "estamos celebrando el
cumpleaños de una compañera de trabajo", "tú
no me trajiste na'".
Si está lloviendo, cuenta con que tus vainas se
te mojarán. Al menos que tengas una de las
maletas selladas heavy duty del anuncio. Al
salir los de migracion... "Usted aquí en esta foto
no se parece. ¿Qué parada del tren está cerca
del subway, en medio del metro?   ¿Ah?
Melaza, la que está frente a la azúcar, al lado
de la miel que se le pone encima a la leche
condensada, asshole. Si me pareciera tanto a
mí, en un pasaporte con ocho años...el
machete estaría que corta.

In and out, out and in the country, todos vamos
pa' Nueva Yol, Venimos todos de Nueva yol,
todos vamos pa' nueva yol.
So?

Telegrama:
PAPA. GRAVE. VEN.
Dirección general de correos & telégrafo-
secretaría de estado de obras públicas y
comunicaciones

Telegram:
Ve donde la vecina a las 7pm. Mañana sabado
23. Te llamare
Western Union Telegraph co.

Cartas

Querida y recordada tía,
Espero que al recibo de esta se encuentre muy
bien.
Aquí estamos regular. Me dijo mi mami que
usted venía para diciembre. Quiero que usted
me traiga:
Un overol de jean.
Unos tennis converse bajitos rojo.
Dos camisas blancas, que puedo usar para ir a
la escuela.
La Barbie que es bailarina. Yo todavía juego
con muñecas.
Una franela que diga Nueva York
Un traje-baño rosado
Dos medias blancas
Unos zapatos negros
Ganchitos para los moños
Y una mochila.
'cion Tia.

Queridos hermanos,
Todavía no he conseguido trabajo.
Estoy ayudando a la vecina a lavar cabezas en
su casa.

Ella me da algo los viernes. Yo, la hija de un gran negociante, chiripiando en Nueva York No me acostumbro a esto.
No entiendo nada de lo que dicen en las calles. Todo el mundo hablando su inglés. Y yo en Babia.
No es como me dijeron.
Nada es como allá.
Yo me quiero ir.
Me hacen mucha falta.
Octavia

Beeper
Bip bip bip
Bipeame.911

Email
Loco,
En el email que me enviaste no me respondiste a ninguna de las preguntas. La gringa te tiene ocupadísimo. Ubicaíto. Una grúa en inglés. Grueichion. Ute ta amarraíto como la enrredadera del patio de Doña Cunda. Venga pa' ca. Vamo a goza. Su moneda aqui rinde un tro'.
Reply:
sender
Muchachon,
KLK?
'toy en la gloria.

Asi que no voy a ir por ahora a coger lucha con la lu' y el agua.

Quiero ir en diciembre a ver la familia y al jangueo con los matatanes.

Si ves a Rita, dile que ella e' la dura. Que ella tiene que entender que esta vieja me trajo. Le tengo que cumplir por un tiempo. Un allante. Después le saco pie.

¿Y tu mardito tigere? Sigue en tu universidad man. Eso es lo único de lo que yo me arrepiento. No que es una cosa del otro mundo; ni que en verdad le cambia la vida a nadie que no robe. Pero siempre quise terminar una carrera. Mi mamá queria tener un licenciado en su casa. Tu sabe como e´ la vieja. Pero ya ta contentísima con eso de que va a tener nietos blancos. Yo lo veo clarito ahora. Ser licenciado es casi lo mismo que tener una residencia aqui. Asi que no me jodo la cabeza. Y e´velda.

¿Quien es el licenciado de allá que vive como yo aquí?

Mandame mas fotos de los tigeres, los merengues nuevos y de todos los mamberos pa' seguir el coro. Y mambo. Mambo violento. Dembow del bonche, Viejo. Bachata urbana pa rompé.

Viejo, viste, no tuve muchas faltas de ortografía. La blanca me esta enseñando español. Aunque ella dice excuseme cuando debería decir perdón.

Es verdad tígere, se me acabó la bemberria.

Chat

On line *El, Ella*
El: mami contéstame
Ella: aquí estoy.
El: El chateo contigo me lo pone duro.
Ella is typing
Ella has entered text
Ella: Bregate. Que yo te curo los cayos
          More, tu siempre con tus cosas.
El is typing
El has entered text
El: Esta cosa, que es tuya.
Ella: ¿A que hora?
El: Siempre mami. A la hora que tú quieras.
Dámelo.
Ella: ay coño, no me diga así. Me pones loca.
          Esta vaina no la soporto. Voy a coge un
viaje a verte. Me tienes soñándome contigo
todas las noches. Siempre estas encuero.
Cuando te voy a comer...me despierto. A
pajearme full.
          ¿Estas en línea o estoy chateando sola?
El: es que aquí se fue la lu'. Toma unos
minutos en este negocio para que la planta
entre.
Ella: ya quiero que estemos juntos aquí.
El: Si. Si. Depende de ti. Tu eres la
ciudadana. Mami. Dime más del sueño. ¿Cómo
estabas vestida?
Ella: Imagínate.
El: No me mortifiques mujer.

Ella: Gózalo papi.
El: Esa cuerería tuya es la que me mata.

Celular
Mujer: Ya estoy caminando en la 14
Hombre: ¿Por dónde vienes?
Mujer: Ya estoy casi frente a la estatua
          de Gandhi.
Hombre: No te veo.
Mujer: ¿Cómo estas vestido?
Hombre: Pantalón khaki y camisa blanca.
Mujer: negro preppie-banana-platano
Republic jajajja.
Hombre: Ahí comienzas con tus
dominicanadas. Me ves?
Mujer: Y tu no te pongas con tus gringadas.
En las cuatro esquinas todos los hombres
están vestidos asi. Levanta la mano beibi.
Wave to me papi.
Hombre: Ya te vi. Con tu pico colorao
Mujer: Pa' que me quites el pintalabios. Ven
despíntame. Tu. tu. Tu. Ahí te veo cerca de los
nuevos hippies; los rebeldes con ipods, ipads y
la cuenta de banco que papi y mami le surten.
Asi si e bueno. El privilegio siempre entiende.
Hombre: Muchacha deja tu resentimiento de
uptown. Uuuuy Chula, Te ves bomba beibi.

Text messages

Desde alla:
¿A que hora sale tu vuelo?

Desde aquí:
A las 7:45am a Miami.
Miami-Sto Dgo 1:30
Desde alla:
Negra estoy loco por verte
Desde aquí:
Papi, yo mas!
3:40pm   mismo dia.
Allá:
Acabamos de aterrizar.
Te veo casi casi.
Toda tuya. Papiiiiiiiiii.

Blog

Como en nuestro edificio-barrio-pueblo-país-
isla-continente-mundo, conversamos con la
única regla de que podemos estar en
desacuerdo y ser amigos; sin tener que
ofendernos en lo personal. No tenemos que
convencer a nadie. Estamos aquí
voluntariamente.
Somos los personajes de la Levente no.
Yolayorkdominicanyork. Un texto para
performance. Viste, también nosotros estamos
post modern. Que terríble. Una "novela" en
Dominicanish. Relatos cortitos que juntos
completan la historia. Y por si solos bailan
igual su mambo.
Un poema con grajo. Un comentario sin visa, ni
ningún sueño. La llamada no literatura. ¡A
buena honra¡

Lo de todos los días, lo más manoseado, lo que todos (o muchos) vemos, oimos hacemos, decimos, en la intimidad o en el colectivo. Tú, yo o alguien a quien conocemos. Dominican@ o no. Nos han trabajado en medio y con todos los excesos. Sí, estamos de mas. Y no es para menos. Podcast. Youtube. Viral. Levente no. Yolayorkdominicanyork
http://leventeno.blogspot.com

Los haters comentan sobre Esta soleado.

Laley: Que me importa que este soleado.
El mejor: Eso es un disparate. Obama tiene la culpa. Hay que sacar a los imigrantes de aqui.
Otro: a mi que me importa.
Aburrío: Que loca. Eso no existe.
Barbie: Asi no es que se dice. Yo sé.

Face Time

El: Tu si estás chula.
Ella: Gracias cariño. No te quedas atrás, babe. Te recortaron asperísimo.
El: Gracias mami. Oh, tu mamá esta ahi…La doña ta seria.
Ella: Si. No fue al bingo. Ahí está. Chequeándome más de la cuenta. Cuando se acueste nos pajeamos. Toy contigo entre ceja y ceja. Ready pa las travesuras. Te llamo luego que hay Guerra full aqui con la biológica.

Ponle cebo e´flande, ponle cebo e´flande.
Ponle cebo e´flande en el golpe. Ya le salió el
chichón.

Ay dio', a mi no me saben gustar los moteles.
Son como slimy, chipy, taky. Como pa' lo malo,
pa' la mala, con la mala.

Grupo 3. 29 F. Que bueno que me tocó pasillo.
Siéntate en primera clase pudiente er' coño
que cuando se e'plote esto, nos vamos a hacer
mierda todos iguales.
Ahí no importa sillota grande, lamparita
particular y mesita al lado. E' pa bajo que
vamo'.

And then, there was el jabao rapa bueno, el
pinto, andanita, el más viejo que yo; el más
joven que yo, que es tan bueno que es malo-
too good to be true. Hay que matarlo sin uno
saber por qué. Como ahí, de plota. Yo soy
bueno llévame pal' norte. No comerá ni piña ni
limón, por eso del desarrollo. También el papi
chulo; el de mi misma edad; el gordo, nothing
great that I should send an email home. El
casado, que se pasa la lengua por los labios
mil veces creyendo que así es sexy; el político
cara e' mime; el cadete gago; el del front desk;
el universitario con su cara de frito; el chopo

vestido de serio; el artista, pintor de la playa a la que él no puede entrá. Pinta gentes con cachimbos y frutas injertas. Pinta lo que era, lo que había, lo que fue; el pelotero, que según él está casi firmao; el circunsisao; el metro-sexual que toma vino y es un fao; El Colorao, que desde que él se va se le llama Caco e' locrio; el licenciado; Kawasaki-orina lejos.

By the way, como ví esa gran hazaña, le exigía siempre doble condón, por si acaso se le traducía el gran chorro en romper el plástico.

El enano-pineo-pipiolo, alias "Muestra médica", que es cristiano. Un cristianito. Un cristianito con su gozo en su alma y su río de agua viva en cen día; el Gringo del Gagá, no el de la Bachata; To'largo, lo llamo yo. Su mamá lo llama Mangansa. Su juntilla, Geño. Lo llaman Detelengue tambien; el Barraco que brega con tinacos; el Montro que instala inversores, también el Matatán, el Chino y el Árabe. La gran oferta sin repetir cartones, amounts to more of the same. You 'll see. El fracatán canta la misma canción. La turba busca lo mismo. Muchos de ellos con el big sign de mal amados, amando mal. Esto lo dice las barrigotas que se asoman. Esas pipas llenas de responsabilidades de mierda y longaniza de todas las vainas que nunca se atrevieron ni a pensar. Muchos cuentos colorao y la jeva verde.

Diciendo pero no haciendo. I meant frescuras.

Pero no creas que me eche a todos los de la lista. Hubo mucho amague. Muchos querian cuartos.
Moneda por coger 'guto. Y e' facil.
Ni tu me pagas, ni yo te pago león.

A la mamá y al papá del de mi misma edad, yo no le gusto para su hijo.The three Ps effect. As it happened to my mother: I am too prieta, too puta y too pobre.
El pai dice, sin apellido. Yeah right. I will show him where I have my apellido. El susodicho es prieto, goza muchísimo con la putería mía. And rich, I'm afraid they are not. Ay sí sí, que se case con una muerta en la cama y vivita & coleando en la compradera mall. Se merecen uno al otro.

El universitario me enseñó que los dueños del país son los grupos. Grupos financieros de animales con flú. Dominicanos por accidente. Tutumpotes y limpia sacos en yipetas. ¡Bien! El nunca saldrá del pais. El echará el pleito de la vida allá. Como el mejor de los dominicanos. ¡Bien!
Me dejó porque él no iba a darle guto a una mujer que viva en Estados Unidos. ¡Bien!

El metro-sexual se la busca arreglando a los turistas del crucero. Pero él dice que no e' pájaro ni bugarrón.
¡Ajá!

El chopo anda con un pitolón. Needless to say que el romance duró un sólo día. Obvio. Yo con vaquero del oeste, este, norte o sur, no quiero na'.
El montro quiere que le traiga un data show. Pero yo ni sé lo que es eso.
El papi chulo me dijo que él era una figura pública.
What the fuck is that?
He must know that I could care less for las mamagüebadas de las celebrities and their wannabe. Les pagan muchísimo dinero, le dan toda la atención que quieren. ¿También quieren que las dejen tranquilas? Cojan cajeta por meterle su pendeja vida a 'to er mundaso. I do not celebrate their mega-shit. Hollywood, New York, Santo Domingo, India nor Japan. ¡Shoot!
Al Matatán le llaman matatán porque dice todo lo que hace con las mujeres. No se ha puesto a pensar por qué sólo se llega a acostar tres veces con la misma mujer. La vencida. La tercera.
Un tipo de eso sólo toca, otro no besa.
Siiii, singa sin besos. Can you believe it? to fuck without a kiss. No, no, no. A otro no se le puede tocar. Yo a ti si y tu a mi no. ¡Aja!
Otro mete deo' y deo' y no se da ni cuenta de que eso duele; que eso no da guto. Que así no e'. De aquello na'. O se queda en el pozo. Or no visit to the well. Jú.
Otros con los ojos siempre cerrados.

¿Y que e'?
Abriéndole la bocasa a uno por na',
apocándome. Pero callándose siempre la
verdad.
Entonces un "Es que tú me gustas mucho"
debe borrar la eyaculación prematura. Como
corrió Felix Sánchez, ma' rápido que un chele.
Y e' fácil! O en medio de mi comienzo, aquello
caído. Mi mamá sobre eso dice: ni niña, ni
pinta. Santa María. Santa María. Mongo.
Monguito.
Damn y con ropa, tanto que se la da, man.
Siempre en el medio, haciéndose notar.

Mira, mira, mira, ese que me dijo adios
tirándome un beso...ese que va en la pasola...
el de la camisa de cuadritos azules...a ese lo
hice yo hombre.

Kawasaki después de sus tres frías, que él
llama vestidas de novias, me decía: contigo es
que yo quiero tener mis hijos. ¿Y a él, quién le
dijo que yo quería hijos?
¿Y a él, quién lo hizo el voluntario?
¿Y a él, quién le patrocina los toyos que dice?
¿Y él, from which time zone is he coming from?

¿Qué habrán hecho todos esos artistas-y otros
"famosos"-ahora-cristianos para bregar tan en
público sus conversaciones con Dios? Hasta
eso lo venden. Ofrejjjcome. Verdad que el que

no conoce a Dios donde quiera se anda hincando. A ver si aplican sus religiones en las otras partesitas de sus vidas. Las que no se ven. Esas llenas de privilegios. Y sirvientas. Ahí les sale el enemigo. Ahi les sale el monstruo. Que comiencen a respetar las mil ciento noventa y nueve formas con las que cada quien hace su encuentro con Dios.

Se entiende el rollo de ahora. Porque algunas personas necesitan que le resuelvan. Que le den la chaúcha. Que lo encaminen al precio escondido. Al precio que sea. Ojalá y entiendan que cada quien decide como se relaciona con Dios. ¡Por Dios¡ ¡Ay Dios¡ Total. Ni una ni otra es mejor. Solo diferente. El que no se cambia de su sitio es Dios. De aquí cada quien lo ve desde su ladito. Desde su librito. Desde su pastora. Desde su tambor. Desde su incienso. Desde su obispo. Desde su diezmo.

Mejor que estén en una iglesia. Porque si no la calle estaría más peligrosa. Es cierto. Yo creo que todos los que se hacen notar en cualquier iglesia, grupo de oración, yoga, luz violeta, son los temibles. Los seres intensos. Dios los pone ahí para proteger a la sociedad. Date cuenta. Son todos pichones de dictadores, leventes en past, hiding or future mode.

Oye al gran patriota, dizque que los que nacieron aquí, aquí en el Caribe, los Latinos, son los de verdad, los únicos que te van a poner a volar. Él probó todo el mundo para decir semejante todología. Ofreeeejjjcome. Como si el Corazón y la cadera en verdad cargaran una bandera y no la vida.

Casi todas las mujeres, si son casadas creen que las solteras se mueren por sus maridos; las solteras creen que se le arregla la vida con un marido y un muchacho; las que parieron dicen que hay que parir para ser una mujer, una mujer certificada; las machorras te restriegan que pueden ir a donde ellas quieran porque no tienen ninguna cola; las pájaras creen que todas las otras son pájaras; las cueras creen que sólo ellas singan bueno; para las jóvenes, las viejas están pasá; para las viejas, las jóvenes no tienen juicio. ¿Y las santas y diosas, creerán que solo ellas son divinas? Porque si es así, hay que recoger los bates entonces.
LOL

El Ni e´es un edificio que aparece en cada barrio. En muchos barrios. Se podria decir que es un edificio con alas. Que aterriza…que se crea cuando se juntan las Nienses. El edificio y

*el barrio aparecen. Eso es lo de menos. Lo
importante son las inquilinas. Viviendo muchos
mapas simultáneamente.*

Te graduaste…
¿Quien no sabe eso?

A hood might be el Ni e´ s garden. Or Jardines
de Ni e´. That will be the urbanización or Torre
version. Donde viviran las hijas de los hijos del
Ni e´. Algunos negando la historia. Cargandola
en el ruedo de pantis y canzoncillos.
Llevandola en la memoria que la recrea
diferente. Como recreamos hoy nosotros ese
pais que no se si existio asi. El Ni e´ sigue
eterno. El eterno Ni e´.

Señores, yo probé a un gringo en Erre De. Can
you believe it? Otro más de los que están
haciendo un estudio sobre nosotros. Vino con
su cabeza hecha de cómo somos. No tiene la
decencia de cambiar ni un chin, aunque pase
por todo lo contrario.
Dominicano malo-haitiano bueno.
Gringo sabe-dominicano obedece.
Irresponsables-responsables
Simple-thoughtful, wise.
En su cabeza esto es un quitao.
Las morenas de aquí se mueren por los rubios
de allá.

Sera que los rubios de allá se mueren por los morenos de aquí... Anyway, the weeklong romance, ended en un pleito bilingüe a la entrada del batey. Le dije bien duro a ese mamagüebaso from green belly on; que lo de el se sabe; que la universidad le paga en dólares por cada buena y mala noche que el escriba sobre nosotros los "salvajes". Mira cabronaso, macrón, cabrón, do not thank me in a book that we will not even read; you fucking fuck get the fuck off from my fucking front.

I do not want to see my fat black ass in a fucking Powerpoint presentation shit.'cause I will go–where are you from again? I will go to Oklahoma, Kansas, North Carolina even Montana and 'll fuck you up real good. Yeah, I will end up in the Most Wanted. But you will be six feet under, fucking organized fuck. Yo sé que tu segundo apellido es hispano y de dónde viene tu mai. Rodrigis, Rivira, Gimenez, Piriz, Moralis. But from now on your name is Christopher, el descubridor, encubridor del norte. Mode foke.

Oooh you dance bachara, miringi, Oooh thank you, thank you, oooh you really like us. Get the fuck out ¡shoot¡

Tu casa no es mi casa. Mi casa no es tu casa either piece of shit.

Los de las universidades son gente muy raras. Estudian medicina para salvar a la gente pinchando a animales; estudian a Cuba desde los países; a los bailes del sur, en el norte y a todos nosotros, con las mentiras que le dijimos al censo. Antes de investigar ellos ya saben el resultado. Imagínate si hay verdad ahí. Se lo creen y le pagan un truck de cuarto por eso. Ay Dio, hasta uno de esos raros tuve. ¡Misericordia Señor!
'Pera, 'pera, 'pera, manzana y arro'. 'Pera, todavía yo no he acabao contigo. Mira extranjero, "sabe-de-mi-más-que-yo", cuando tú metas mano con los tuyos; cuando tú critiques a tu país, los de tu país y sus vainas de la misma forma que tú lo haces con los míos... entonces hablamos.
Ooooh cuando yo digo algo es ofensivo. Cuando tu dices algo es analizando. Que si nosotros no queremos ser negros. Que si la identity. Que si la raza. Ven, vive en la olla que vivimos, sin la moneda que te envian, entonces vas a saber porque no queremos nada que este cerca de lo jodido.
Cuando una negra de aquí se desriza el pelo, she is in denial. Si una negra de otro lao' se desriza, ella está solo experimentando con la variedad posible. She is just re-inventing herself, seizing possibilities.

Si uno de aquí se empata con una blanca, he is racist. Si un negro de otro lao' lo hace he is in an interracial inclusive quest for the betterment of humanity.

What the fuck is that? Your truth measures people differently. ¿PhD ley propia?

Habla lo que quieras. Esa boca e' tuya. Pero yo hablo lo que quiero, por lo mismo.

Hablar de lo de afuera e' un quitao. Habla de lo de adentro. Pa' que vea cómo se siente. Donde quiera vas a encontrar lo mismo. Todos hacemos lo mismo.

Háblame del por qué y vas a ver como los tuyos son también culpables. ¿Tú crees que yo no leo?

¿Tú crees que yo no pienso?

Tu sabes tanto que sabes a mierda.

Es más, quítate del medio, quítate, quítate, quítate.

Christopher-Salvador-PhD-bilingüal, buscón.

¿Tu crees que nos estás haciendo un favor?

¡Misericordia Señor!

A los que son lambones, estos extranjeros estudiosos-sabe-mas-que-el-lápiz-y-la-computadora, los aman.

Pero a nosotros, los que no le decimos el cuento como ellos quieren oírlo... nosotros los otros...nos tienen una tírria.

Don't hate me because I'm tasty.

Mode foke. Spare me even of your shadow.

I said get the fuck out.

Y ese otro, que ni preguntaba si me lo estaba
gozando.
¡Él, Él, Él!

Ya yo sé por qué me dicen la beca. Diantre,
que fuerte.
Me he quedado como vidrio de Belén.

Mira, mira quién está allí, un becado del
pasado. El pajero ese. Mírale las caderotas.
Esa bocota se le ve caña con ese candao.
Ummm. ¡Amén!
Ese desgraciao, tan mentiroso y tanto que me
gustaba. El no habla mentira. El ES la mentira.
Pero me gustaba un truck. Por todo un mes,
todas, todas, todas, me las hice a nombre de
él. My second local afixie. Ummmm Beibi. Tan
comparón y sin dos pesos en esos bolsillos, no
jodas. Cree que tiene un ipod con iphone en el
bin bin. El ipapi con su ibin bin. ¿Hay cariño o
no hay cariño? Uuuy pero esas caderotas King
Kong size y las piernas, medio gambá. Camina
como vaquero, abiertico. Sólo así es que lo
deja caminar la "responsabilidad" que tiene.
Ummmm.
Diache, yo me afixié de ese tiger full force. Le
ayudé a que se crea que en verdad tenía
música down there. That amazing body and
cacaíto mind. Yo estaría medio loca para
emperrarme así de ese "sólo pinga" man.
Ese ratico dura tan poco. ¿Y cuándo pasa?
¿De qué se habla con el susodicho?

Oh, Pleeeeeease.
Tú verá, la pizza la va a pagar la muchacha. El le va a pasar la mano por la espalda. 'pera, 'pera ¿Ve, ve, qué te dije? Va al barrio a decir que se tiró a fulana, clavó a sutana, rapó a la amiga de la amiga de la amiga de Amelia Vega, se singó a la hermana del dueño de yipeta mas cara de la región del este, le entró un pedazo a la gerente general del rent-car, se dio a una alemana, que le dio caña a la Española, que se lo metió a la esposa del que va a ser candidato a síndico, que se lo ajutó a la rubia de la casa de piedra, que se lo puso a la odontóloga que sólo trabaja para los extranjeros; que se lo mandó a la divorciada del italiano; que la dominicanyork se lo llevó a Punta Cana, que la Francesa se lo llevó a la Saona, que le sacó una pizza a la hija de la profesora; y un pantalón a la arquitecta de la capital. Lo mete por chucherías.
Todo lo que hace o lo que quisiera hacer, lo dice. Definitivamente, he is not that bright que digamos. Ay Dio'. Como te digo una cosa, te digo la otra. The tigers are clean. Esos tigers son limpios. Siii limpios y olorosos.
Limpios, limpios. Eso no se le puede quitar. But a gold medal for how it supposes to be?
Naaaah

Oye lo del tíguere del front desk cuando anda montao:

"Negro er' diantre quítate del medio. U'te no puede negá que e' un haitianite Compadrite, Congó, mañé, negri-yi-pí". Pero el es igual de prieto que el caminante. Es que en su trabajo él cree que todos esos rubios a los que él les sirve, son sus espejos, son sus panas. Se creyó los good mornings, obrigado, Danken, Merci, bello regazzo, thank yous y I am sorries. Mamatranca.

-¿Le dijiste a tu mariito local de siempre, que estuviste conmigo?
-¿Que comes que adivinas? También le dije que tú no sabes de eso, bultero.
¿Cuanto vales este diciembre? No pa' mi, para mi vecina. Ella se conforma con cualquier agüaje.
-Levente.
-Levente no. Yolayorkdominicanyork.
This kind of levente rules.
La levente rules, entiendes?
Ya lo sabes.
LOL.

Algo no cuadra. Si LOL is not enough, breath in, breath out. Go within. And do something moda foka.

LOL is not enough. Se acabó el coro con el güiri güiri. Aquí esta la primera parte del cyber language del Ni e´ para todos:

AAA (aquí alante alante)
ATU (alla tu)
AQ@ (aqueroso/a)
ATT (aquí ta to)
AFT (aquí ful de to)
AQT (ay que tígere)
ADB (ahí de boquita)
AEA (apúntame en tu agenda)
AMM (ay mi madre)
ADM (ay Dio mío)
ADV (amor de mi vida)
AEG (abajo el gobierno)
AÑO (añemao)
ABO (absoluto)
AGR (agradecid@)
ACÑ (ay coño)

BAM (bien amada/o)
BBO (baboso)
BTO (bulto)
BRO (bultero)
BFL (barajando full)
BEN (bendecid@)

CTT (como tu ta)
CTC (como ta la cosa)
CTL (como tu ta loc@)
CLO (cójelo)
CSA (Cojelo con su avena)
CÑO (Coño)
CNU (Cojonú)
CCE (Con cojones)

CUC (comiéndome un cable)
CMA (come mierda)
CCA (cacata)
CBM (cállese buena mierda)
CED (cuero er diantre)
CLN (cómeme león)
CDM (corazón de melón)
CDA (Caballero dígase algo)
CMC (con mucho cariño)
CBN (cabrón)

DMN (dímelo mujerón)
DPI (dímelo papi)
DAC (de acuerdo contigo)
DQJ (diantre que jablador)
DMO (dámelo)
DUC (dame un chin)
DPS (dia pa' singa)
DYK (dominican york)
DDA (dominicano de allá)
DCHE (diache)
DTE (diantre)
DCO (deja el coro/corillo)
DDR (destornillá de la risa)
DDD (drama, drama, drama)

EEE (eso esta excelente)
EPM (eres pura miel)
EEB (eso está bomba)
ENE (eso no es verdad)
EMK (eso me killa)
ECT (ete cohete)

EJO (eto se jodío)
ENT (eso no ta)
ETT (eso ta to)
EGA (entregá)
ELO (en la olla)
ESP (eso es paja)
EPP (e' pupu)
ETF (eso ta fuerte)
EUJ (eso es una joya)
ESO (espéralo sentao)
EEP (eso está de pinga)
EBA (en beba)

FDF (fin de semana de frescuras)
FPP (feo pa la película)
FFF (freed from Facebook)
FSO (fantamoso)
FCV   (frejco Viejo)

GQR (guay que risa)
GRS (gracias)
GMM (guay mi mai)
GGG (guto guto guto)

HME (hola more)
HCH (hola chulo/chula)
HFA (hola familia)
HJN (hola joven)
HCO (hola cariño)
HEM (hablo el mandamá)
HDS (hablo dios)
HSE (hasta siempre)

HDO (he dicho)
HP (hijo puta)

ITQ (igual te quiero)
(IME) (imeleame. Si, imelear es un verbo!)
ITE (interesante)

JSO (jabladoraso)
JDR (jablador)
JTA (jartura)

KTL (Kille total)
KKN (kinkán)

LVO (loco viejo/a)
LBN (lambón)
LDN (ladrón)
LTO (ladroncito)
LSO (ladronaso)
LZO (ladronasasazo)
LDO (lo dijo)

MRE (more/moreno)
MGV (me gusta esa vaina)
MGM (me gusta mucho/muchísimo)
MHF (me haces falta)
MDE (mi derriengue)
MSI (me se importa)
MGS (mangansón)
MMG (mamagüebo)
MMO (mamagüebaso)
MJN (mojon)

MJO (mojonaso)
MCO (mardito cuero)
MÑA (maca ñema)
MSL (me sacaste lo pie)
MLU (muelú)
MPM (mi papi mío)
MMM (mi mami mia)
MPL (mi panal)
MTN (matatán)
MNA (mierquina)
MTRO (montro)
MDG (me dejaste guindando)
MQB (me quede en babia)
MCÑ (mire coño)

NJS (no jodas)
NMJ (no me jodas)
NVO (negativo)

ÑSO (coñaso)
ÑMA (ñema)

OAE (oye a 'ete/a)
OME (ofrejcome)

PYO (pariguayo/a)
PJO (pajero)
PGN (pulgón)
PVO (positivo)
PPI (papi)
PDM (papaupa de la matica)

QMO (que malo)
QBO (que bueno)
QVA (que vaina)
QVE (que vaina 'eta)
QCS (que cojones)
QOV (que ovarios)
QDO (querido)
QAR (querido amor)
QLQ (que e lo que)
QDE (que deguañangue)
QLO (que lio)

RCM (racista cabrón de mierda)
RTO (respeto tu opinión)
RMO (respeta mi opinión. no no es romo)
RDS (respete lo diferente señor)
RMÑ (respétame coño)

SCO (sin comentario)
SGN (singón)
SGA (singar, singuita)
STG (se te quiere de gratis)
SCR (Sin coro)

TTP (tu ta pasao)
TTJ (tu ta jodon)
TTC (tu ta caliente)
TVC (te vendes caro)
TTP (tu ta perdío/a)
TSF (tu si eres falsa/o)
TFN (ta' fuñón)
TTB (tu ta bueno/a)

TRE (te regreso lo que enviaste)
TQM (te quiero un montón/te quiero mucho)
TFO (tan feo)
TBO (tan bonito/a)
TAP (te amo papi)
TAM (te amo mami)
TÑM (te extraño More)
TVM (te veo montro/a)
TFE (ta fuellIte)
TTT (tu ta' to')
TLO (tómalo)
TNF (tu no ta fácil)
TCO (te copio)
TSO (tigeraso)
TEA ('toy e'plota)
TUA (titua)
TKT (túkiti)

UEF (usted es un fronti)
UEP (usted es una postalita)
UBO (un beso)
UMA (una mordidita)
UCN (un chupón)
UEM (usted es el mejor)

VDA (virgen de la Altagracia)
VSA (virgencita)
VML (vaya mi loco)
VAF (vamos a hacer frescuras)

WQC (wow que chulo)

XXX (encendío a la 3ra potencia)
XLM (por lo mismo)
XDS (por Dios)

YST (Yo soy tuya/o)
YEF (Y e' fácil)
YLS (Ya lo sabe)
YCA (Y cual es tu afán)
YAQ (Y a mi que)
YPO (Y punto)

ZPG (Zape gato)

Uselos cuando le convenga. Esto es suyo y mío.
Pero recuerdas, te conocerás por tu forwards.
dice la biblia del Ni e´.
Net working-neck working-not working.
Tengo mas passwords que dedos.
In my facebook page, my relationship status says complicated.
It is not complicated. I am single. He is married.
And we are in a very committed relationship.
Vacations included.
Por eso, tengo un gozo en mi alma y en mi ser.
Agua. Viva.
Numero bonito, billetero insistente y una compradora sin resistencia
YLS

Jarta de ver las mismas fotos repetidas en caras diferentes deje Facebook. Jarta de leer tantos mensajes taaaan positivos. Que de poner en practica tres, me harian santa. Y yo stalking a todos mis exes. Que por algo son mis exes. En la foto lo recornfirmo. Vi hasta ¨Estamos en la funeraria" Cuando se murio el susodicho. Mi nuevo nieto. Casi casi pariendo mi hija. Recen por ella. Me dejo. Lo deje. Ese MMG. Vote por este, por la otra. Por la misma vaina. Y los miles jueguitos que no se que haran con el guto¨.
Facebooking problems. Not any decent solution. Let alone A Solution.

El circuncisao' me vio detenidamente ponerme un tampón para ir a la playa.
First audience ever to a monthly great Performance.
Quien sabe el kickeo de cada quien. ¿Ah?

"Yo soy un hombre enrredao'. ¿Ah?
Yo soy un hombrecito exigente".
¡Lo dijo! Ito. Terminación disminutiva papá. Tú exiges pero no TE exiges. ¡Lo dije!

Una vecina del Ni e':
Yo vine con Kay esta navidad. Pero a mi no me gusta esto. Estos patios. Tanto desorden. Tanto ruido. Tanta vaina. La pagadera a los hombres y a su récua.

Me miran raro. Dicen tantas vainas. No se callan man.
¿Porque yo sea de aquí me tiene que gustar todo esto?
Ay no, yo me quedo con mi Erre De de los países.
No es puro americano.
No es puro dominicano.
No es puro na'. Así es to'.
Allá Kay con su brega nacional, her national quest. I couldn't care less
Sigue Kay. Sigue, no doble.
ATU

You left me hanging man. Mira tú, me dejaste guindando. E' ma', párese, párese, póngase la ropa y váyase. La que alquiló carro fui yo. La que paga para quemarme-chuliarme-aplicharme-matarme en este matadero soy yo también. Párese, párese.
Mira, gallina poniendo... poniendo mesa con lo mío. Romo y romo. Ahora toma vino, ajentao. Y e' kaki?
Vivivividor, la puerta está abierta.
Vivivividor, arranque pa' alla, vivivividor...
Arranque, Out to your fritura circuit muchacho.
Vamo' vamo'.Bye bye, hanky panky dude zanky panky love.
Vamo' vamo'. Oh, pero bueno, parece que tienen un librito. A todas nos hacen ó no nos hacen lo mismo.
Con todas oyen la misma canción.

A todas nos dicen lo mismo.
Somos sólo un hoyito gustoso. Esa parte no
está mal. Eso es algo. Eso ta' bien. Pero
bueno, sin nombre propio. Ni olor particular.
Fosa común, compadre. Para muchos de usted
somos otro roto más. Así no.
¿Entonces que pueden ser ustedes para
nosotras?
Lo que va viene. Lo que viene va.
Sin visa ni machete.
Sin la pela león. A lo que pueda tu bon.
Recogida pa´ foni uno.

Que tu que? Viagra? Esa pela no me va a
detutanar.
Mil horas como eso como un hierro. Me va a
degüabina. Te olvidaste como se pone duro.
Humanamente duro. Sin químico pai. Con la
chuliadera na'ma'. Se brega bien. El palo baja.
Se sigue bregando con los malabares y otros
dulces. Mira vete para donde tu mujer que te
resuelva con ese viaje de Viagra. Yo no cojo
guto con dolor.
YEF

Oye al otro...¿Y qué fue, Todologo, no me va a
traquetea bien?

El mejor fue el que creía que 'taba muy bueno.
Ese la sacó del parque. Confundía eyaculación
con orgasmo.
Ya tú sabes. Y no te lo digo más.

Who the fuck you think I am? ¿Amada Amante? ¿...a la misma hora, en la misma habitación? You must be kidding yourself.

Una cosa rara es que, allá se ven caña, roca roca, esos tigers. Aunque sea en foto que los traiga no es lo mismo. No se ven igual aquí. Pierden el batey y pierden su glamour. ¿Verdad? Ves, hay que dárselos solo allá. ¿Te pasó lo mismo? ¿Voy a traer agua al mar? ¡Yeah, right! ¿O van ellos a llevar más caracoles a la playa? GQR Pero no semo loco no. La beca gorda secó. Y sin liposucción. La gorda- La beca-Se acabó. Ahora las becas serán en Alemán, Francés, Italian and Finnish. Break para las Dominican-yorks, las Dominican-euros que los new zankipankis llaman Dominicancueuros, sorelle che non sono qui, non la, igual que nosotras, to play in the local courts. Cambiaron a 69. ¿Al 6 o al 9? Cambio hoy USA 33 EU 99. Serves me well. In fact, quite well. Enough is enough is enough. Oye al flaco hablando mierda. Ique los eurocueros. La mai de sus hijos que vive en suiza lo mantiene a el, a los hijos y a su familia. Ir a Western Union quincenalmente no es cuerería. No me joda. Suerte que la Cruz me dijo en vida como contestarle a esos tipos. Haitianos y

dominicanos voceándome lo mismo. "Que mujer tan fea. Con esos moños tan malos. Toma 100 pesos para que te desrices". "Que pajón".
-"No es por falta de dólares, Aleman GQ del año".
Zipper en la boca y doblan rápido la esquina.
¡Tapón! Pierde la bola el equipo local.
YLS

Big time mala vaina. Busca un burro.
No translation available. Ain't necessary.
Malas vainas y con una fokin' actitud como del que es el ma' pingú.
Sin traducción. But fits perfectly.
Malas vainas. ¡Lo dije!
First bitter and then emptiness as aftertaste.
Aprendí un nuevo olor: mocato. Pero todo es hasta un día. Sandalwood, Cartier or mocato.
Refills might use the same bottle but the juice must be all new. I mean new. Brand new.
Chocolate knew.

Andanita anda dando asco, dando pena y dando serenatas. Ahora que sabe que ya no hay beca. Que se acabó lo que se daba. De beca pasé a ser la bilingüal bacá. Sólo por el sacón de pies con cabeza fría, corazón alerta y cintura en su sitio. Ya no hay rotos en el bolsillo pai. No soy ni vaca, ni beca ni bacá.
¿Cuidado?

Who the fuck you think I am listening to, José José? Pleeease. Talk to my hand, 'cause you ain't my man.

Yo sé, yo sé, no es que yo esté buena.

Es que soy buena.

Buena pa' cónsul y con pasaporte Azul.

Pero azul navy and in English beibi.

Pero todo es hasta un día. Ese día ahorcaran a los pálidos. Eso dice mi abuela. Ella nunca se equivoca.

Nunnnca, nunca. Ella también me dijo que los varones se clasificaban en hombres, hombrecitos, monicaquillos y sombras. Shady business ah. Or too many shades in business?

But for real, is it too much to ask, to have commitment with a lot of frescuras included?

Do you know what I mean?

La pela de la responsabilidad con toda la miel del guto papa'. Con ese fuete que es el compromiso, por eso dame más 'guto y más mambo cariño. Es que a mí no me gustan las sorpresas. ¿Habré comprado yo coño un chuflái?

More, more, no, more no, no te estoy pidiendo una flor, cultivada en la, en la, en la luna. Coño ¿te cuesta tanto vivir en la verdad?

No, no, no me callo no, esta boca es mía, déjeme, déjeme. ¡Damn!

¡Damn! Different bodies doing the same rotten Shit. Lying left and right. I'm sure aquí the politicians first train as amantes sin detalles; dando chinsitos que ni topan la barriga ni

enseñan a seguir; no terminan lo que
comienzan; dejan todo por la mitad; hombres
mentirosos, abusadores, cuerpos infieles;
mentes en el coño. Sólo en el coño. El corazón
en la moneda con yipeta. Entonces, con la
esposa, la campaña oficial, fraude–Victoria-
fraude.
Si hay fraude horizontal, hay fraude vertical.
And vice-versa, babe.

So from December to December, I was
Body-hopping. Hoping for love. "looking
for love in all the wrong places."
Parecía que la princesa del cuento estaba
encendía. En la chercha besó a un truck de
macos. Who can learn how to swim if the river
te llega al tobillo. ¿Y a la playa no puedes ni
entrar? ¿Hacerle rolos al calvo? Aja'.
¿Bajo pa'bajo? ¿Me viene con eso de que sólo
la puntica? Subo pa' rriba.
¿Para ponerme nerviosa de los nervios?
Aja'. La princesa se quedó con la bemba untá
de macos. Que se convirtieron en tigers. Estos
tigers no quisieron pasar el trabajo de aprender
a caminar en dos patas.
Por ejemplo, el licenciado que todavía gatea.
Este licenciado con sus dos hijos bilingües,
esposa con su melena rubia de tronco negro,
carro, apartamento, perro, muchacha, viajes a
Miami, cartera Louis Vuitton original, pero de

Chinatown para la cacata con cara engorilá;
sus camas con quilts y le gustan los peluches.
¡iiiiak! Pobrecita. The American sueño-
nightmare in our own shores. Oye que cuadro.
El mismísimo licenciado no me dejó ni llegar al
pueblo sin comerme viva, comiéndome cruda.
"Ay gorda, coño, que coco tenía contigo. Que
bueno ese olorsito a nuevo mami que tú
tienes".
-"Pa' ti na' ma' beibi".
En esa buscada al aereopuerto nos salió de to',
hasta queso de hojas con galletas y oir salsa
vieja. Si, si, si, mas el dulce que no empalaga:
rapadura. El piragüero de Maelo en full swing.

Me gusta la palabra que me acabo de
aprender: Presidenciable.
El tiger es Casandreable. Sorry. Soberaneable
now. La gorda es abrazable. El Moreno mio es
presidenciable cuando no tiene ropas.
Mio.mine.

Ahí viene ese care-culo con su cámara a
preguntar vainas...
-¿Cuál es su nombre joven?
*Solange.
-¿Usted es dominicana?
*Depende a quien usted le dice dominicana. Yo
nací aquí pero como soy prieta...¿Eso es lo
que usted quería preguntarme?
-No, digame, ¿usted cree que esos senadores
de Estados Unidos tienen el derecho de venir a

decirnos a nosotros - un país independiente y soberano, con viva emoción y decirnos como tratar a los haitianos?

*Si. Ellos pueden. Ellos son los dueños de todas las playas, son los turistas, son los clientes-compradores de todo lo que ellos dicen que siembren...dan préstamos y les regalan computadoras y camiones de basura viejos y visas a Miami... ¿tu crees que eso e'dao?

-El Mercado de libre comercio...

*Mire, mire si es comercio no es libre. Libre ni la lucha. Mire, esos senadores deberían de mandarnos a todos los dominicanos de todo el mundo pa ca'.

Ya salio en la noticia que en St. Marteen están recogiendo dominicanos para mandarlo pa' su casa. No deberian dejar que ninguna de nosotras de a luz ni medio muchacho allá. Es más que nos intercambien. Un haitiano por un dominicano. Un haitiano en Erre De por un Dominicanos de los países. Un haitiano por un dominicano.Y ya se acaba la vaina. Esto no es de un carguito, ni de un nuevayork chiquito. Tampoco crean que yo voy a trabajar construcción, cortar caña ni ser marchanta de nadie. Si se van los mañenses, que breguen en sus puestos los blannn cos y radiannnntes... do mi ni caaaaa nos.

Siii saquenos a to' los prietos y pobres. Para que se coman entre ustedes.

¿Quien va a ser la muchacha o construirte tu cabaña?

No me amenace. Yo puedo decir lo que me venga en gana. ¿No querían democracia? Cojan democracia por todos sus lados.
Ademas, si some Hazoury es dominicano so is Pie lui.
Si some Chang is dominican,
so is Pie lui.
Si un Bonnelly es dominicano, so are all Pie lui.
Un Reid Es.
Un Lui también.
Yo, Yo no me llamo ningún Solange. Yo soy Quisqueya Amada Taína Anaisa Altagracia Indiga. Una York-dominican-york.
La de tus remesas. Tu vergüenza. Tu riqueza. ¡Pa' que sepa!
Mode foke. Kay Presidente 2012-2060. Dígale no al voto. Eso sí es piratería.
El pueblo unido gobierna sin partido.
Dígale no a to'. No pague la luz ni el agua que no le dan. No se paga por china agria. La moda con Kay. Los varones con
Kay. Las mujeres con Kay. Los tigeres con Kay. Los pajaros con Kay. Las chivas con Kay. Las mariposas con Kay. Los cueros con Kay. Los pobres como Kay... Con Kay empleos. Kay por pobre. Positivo con la prieta. Kay presidente 2012-2060. ¿Que llego quien? La vice con sombrero. Que papá ni papá. Ni Manilo. Aqui llego esta mami. La dueña del neither. La presente ausente. En palabras

finas, yo la diáspora. Tu metura. Tu arro'.
Diáspora Sancocho. Locrio Diáspora. Diáspora
mangú. Moro diáspora. O cómeme con pan.
Diáspora con pan. Diáspora se come con pan.

In a year I became a bagazo. Getting closer
and closer to be a querida.
But seems to be that aquí querida does not
mean bien amada.
La querida se convierte sólo en la sucursal, con
hijos y los mismos pleitos que la doña. Querida
sólo en la canción del Juanga. Queridaaa.
Como en Texas. Poligamia a do por chele.
Queridas. Resignadas. Así siempre ha
sido.Fuck that shit. Polígamo tu. Polígama yo.
Dando y dando, la misma visa para cielos
diferentes. Esa es la religión que va.

Hablando de religión...
Yo estoy segura que esos haitianos están aquí
porque sus dioses le hicieron y le hacen todos
esos trabajos a los de aquí. Politic-amo-riquez-
a-la fuerza. Esta tierra se le debe siempre a los
hijos de algún dios, de un ique descubridor,
brujo, encubridor o a un inversionista.
¿O tú crees que eso es gratis, todo eso que te
dan y te dieron?...
para conseguir marido-para mantener marido-
para abrir el negocio-para acabarle los
negocios a los otros-para las visas-para la
salud-para todo el posible rebulú.

Que levante la mano alguien quien en su
familia no ha bregao full con esos poderes.
Ni pa' remedio aparece un alma asi.
Asi que to 'er mundaso vendio el pais.
Eso ta' fuerte. Eso es una cosa grande. Ahora
e´ que hay mambo.
Pero de ahi a que hagan un solo pais...No way.
Hasta que viva esta Yorkdominicanyork no.
Mátenme. Si coño mátenme. Una vaina es lo
que nos hacen a los negros y pobres
dominicanos y haitianos. Aquí y allá. Y otra
cosa es que a no se quien le salió
de los forros. Imagínate estas dos catas juntas.
Si todavía nos matamos por numeros de
provincias...y de region en region...dime como
sera con los hijos del infamous yugo.

Que bueno baila Celina.

Pero Kay tu eres una dominicanasa, sudando
la historia patria por los poros.
-no, tu. Do I have to tell you my complete name
fucking moron? Shut the fuck up.
Conmigo no cuentes para morir por ningún
pais. Ay muchachita no tienes idea pa´ quien
trabajas. Tambien te compraron con una
bandera y dos merengues.
-Dejame con mi vaina.

Pero...ay los varones de allá, los varones, los varones de ese mundo.... me derriten. Mi gran debilidad. Yo no se que es lo que tienen esos marrrditosss. Lo que es, sabe bueniiiisimo. Yo acabo mis dias con un tigere nacido en esa isla.

Houston, there's a problem. There is a problem. ¡Ay tú!, También Houston me dice que rece y me estralle.

Que pena que no supe antes lo de que para muestra sólo un botón.

Hoy es el día. Working day 1.
Todo hasta hoy. Working day 2.
So then, working day 3.
Fuck that!
I told you. I told you that I was working on it. It really hit the fan. And it is all over.
The shit really hit the fan.

Por fin, hoy vi on TV al afamado Jack Veneno que mi mamá menciona tanto. Ella tiene razón, por aquí sigo yo arriesgando cabellera y faja, sin volar por los aires. Como el monje. Loco.
We do have issues. Big time we do.
Real fucking issues. All issues about fucking.
Fucking becomes an issue. Fuck that.
I won't even try that powerful arm in just a tablespoon. Fuck that too.

Míra la allí, a esa Dominicanyork
¡Puta!   ¿Señora?
En medio del parque, en plena Santa
Rosa, mira con ese parque full de gente,
la mujer del Pinto, ella élla y yo la otra,
ella la buena, yo la otra, la mala,
me voceaba:
"Cuero, cuero, cuerillín, cuero Viejo"
No, could not be, I paid him. Go and eat
some frituras and shut the fuck up".
Como si él estuviera taaaan bueno.
NMJ

Muchacha, tu marío fue que te fue infiel. Yo no.
Sigue poniéndote de mojiganga de ese
barbaraso.
¡Mujer buena, Nazarena! Eres tú la que
decides todos los días llevar esa cruz.
Ni acostao contigo es tuyo.
Ahí como yo cuando yo quiera.
Ay tan santa y tan buena, que ni se lo da. Y si
se lo da, no lo goza.
Fea pa' la foto. Requetefea pal' video.
Muchacha, yo estoy de vacaciones. Estoy de
puro Holidays en esta vidota.
Mientras más meneas los potesitos, más se
menea en pelotas conmigo. Si fuera así de
fácil, que tus problemas se resolvieran con
quitarme del medio con tres lámparas. Yo sola
me fuera, sin necesidad de tú prender na'. Si
eso arreglaría los probleeeeeemas...
Para conseguir marido.

Para mantener marido.
Para que se le pare conmigo.
Para que no se le pare con ella.
Para conseguir trabajo.
Para mantener trabajo.
Para tener la yipeta.
Para yo engordar la cuenta.
Para conseguir la visa.
Para pasarme de lista.
Para que el hijo no se case con esa. Para que
a la hija se le apague la fiesta. Pero la brega es
otra beibi. Deep
and simple. La brega primero es con uno
mismito. Self-boxing-shadow-boxing.
Se explota por dentro. Ahí no llega otro poder
que no sea la mera mera.
Ay Mija, it is always so close that we can't even
see it. Esos nudos se sueltan. Las soguitas que
lloran no amarran. Crecen, se multiplican y
mueren. Yo le haría brujería sólo si él fuera
Denzel y tuviera la cuenta de banco del
Michael Jordan. Y ni asi. Esas lámparas se
pagan caras.
¡Mira, no me prendas velas, que yo soy el sol!
Y tú también.
Mi altar está a la vista. El tuyo no.
Oye a e'ta como me llamó, "Esa
dominicanyork".
Como si ella y yo fueramos diferentes.
Aquí o allá. Somos las mismas.
Las quisqueyanas valientes...

¿Cuándo nos vamos a dar cuenta de que la vida aquí es corta?
Que el guto e' má corto todavía.
Que esos tigers valen el precio que uno le ponga. Que ellos nos tratan como nos tratan, por el precio que nos pusieron. Si no te gusta el precio que te pusieron, no te vendas.
El juego no se tranca. 'Tamo empate.
Lo malo es que esos tipos olvidaron un pequeño detalle: que sus abuelas, madres, tías, hermanas, sobrinas, hijas y sus nietas pagan algo de sus platos rotos, ayer, hoy o mañana.
Lo que me haces de frente se lo hacen a ellas de espalda. Por eso, ni lucha ni boxeo beibi.
Sólo estoy en chuleo. Así lo quiere el cielo.
E' ma', no la voy a invitar a mi cumpleaños.

Yo confundo cejas con pestañas.
Yo no me sé el alfabeto.
Feliz e indocumentada.
Amen.

De colores se visten los campos en la primavera.

Madrina:
"Fue en una fiesta aquí. En el Happy Hills Casino. Yo estaba una muchacha. Me recuerdo como ahora el vestido que llevaba. Parecía de las Supremes. Los cabellos recortados como los Beatles. Así se usaba.

Él desde lejos me hizo así con el dedo
(moviendo el dedo indice en forma circular. El
dedo apuntando para abajo). Yo bajé la
cabeza. Sin mirarlo le dije que si.
Bailamos y bailamos, hasta el sol de hoy".
Quisqueya Taína, 'mija, esa calentura se va.
¿Y con qué te quedas?
¿El resol? ¿Flor blanca?
¿Con esa reputación de mujer mala?
Tú quieres una relación y tener tus hijos...
Cuando se va la chercha sabrosa con el
hombre, ahí viene en verdad el amor, los
afectos, el cariño...Conocer a esa persona con
la que has pasado tantas cosas buenas. Mira
'mija, tú y él son humanos. Llenos de temores y
como dice la Biblia, con flaquezas de
pecadores. Mira a tu padrino
y a mí. Tampoco aquí es fácil. Es trabajo
mantener una relación. Pero así es todo en la
vida. Nosotros siempre tenemos problemas
pero siempre hemos sido fieles uno al otro,
toda la vida. Ese ha sido el primer y único
compromiso de nuestras vidas. Nos casamos
sólo por la ley. Porque el amor nuestro ha sido
mas grande que la iglesia. Es más, nuestro
amor es una iglesia. Él es Rosacruz. Yo soy
católica. Creencias muy diferentes. Aunque
ahora siento que creemos en lo mismo pero le
llamamos nombres diferentes. Lo importante es
la práctica, no los nombres; es como tú aplicas

tu cristianismo en la vida diaria. Todos los días guiadas por la palabra diaria, por los 15 minutos y mi velón al sagrado Corazón de Jesús. En vos confío.

Ella-Pueblo(s)

Raulín lo dijo, uno se cura.
Remedial –basic- 101- first before first-aprendí la lección. No more flunking allowed. Lección única: If I am here, he better be here too. Amor de lejos, amor de... tres, amor de cuatro. Uno se cura si.
Allá y aquí.   Aquí y allá.   Aquí...
Me cure.

Si yo fuera una super hero, la mujer maravilla o una de esas Mangas japonecitas de ojos grandes de ahora...De verdad, si yo tuviera todos los poderes, hiciera un día laaaargo.
Ese día enterito haría silencio en el Ni e' y en Erre De completo coño. ¿Qué es lo que esconde o celebra tanto ruido? Aunque tú no lo creas, yo también quiero oír al silencio. Me canso de tanta vaina, de ese solo tipo de chercha, de tanta bulla, de tanto coro carajo.
De tanto mambo.
Si se para el mambo un chin, uno no muere.
Pero si uno se muere... se paró el mambo.
Entonces hay que practicar un poquito para saber que es lo que se mueve sin mambo.
Porque el dueño del mambo, no consume

mambo.
Nada más lo vende. Vive tranquilo quieto.
Su real mambo, es el mambo que no hacemos.
Dig it? Dug. Face to face, believe it or not.

Conversaciones en el lobby

Las doñas del 4to piso...despues de venir del
United Palace, de darle el pesame a
la familia de Freddy Beras Goico:
-Ese hombre fue un tolete de hombre.
Un gran Dominicano.
-Mira que vivir de chistes...de poner a la gente
a goza´.
-Yo una vez vi la foto de él en la revolución.
El con su cañón terciao.
Que fuerte que Dios lo hizo venir a morir a
donde esos yankis y hombres ranas que el y
muchos de nosotros mandamos a go home. Y
mira tú...donde vivimos...donde morimos.
-Asi que go home y llevame contigo.
Esta vida es una escuelita mija.
-Como nos hizo reir ahora nos hace llorar.
La vida siempre te da el frio y el calor.
Zero mata zero. Buche y olla.
Arriba y abajo. Y al final nos quedamos todos
con lo mismo. Con Na´.
No olvidare nunca cuando ese hombre se
pronuncio contra el desorden que hay allá. Eso
fue que lo mató. Me dio tanta pena. Dijo que ya

no hay nada que hacer. Y yo estoy por creerlo. Si eso era el, un hombre famoso, rico y con programa de television. El era la cuña. Si te apadrinaba, podias contar que te pegabas. Entonces..ah!?

-A mi nunnnca me ha interesado ser famosa. Ay no. Esos viven con todos los trapos al sol. Le publican hasta los grajos y los lunares de la espalda. Mira ahora, para morirse hay que ser famoso.

Tu no ves la relajila de llamadas estrellas se están estrallando.

-La muerte quiere coro en carpeta roja.

Por nosotros ser nadie esta vez nos estamos salvando de la muerte.

-Mentiiiira, nosotros nos morimos todos los dias. Pero por suerte nadie se entera. Ni hacen bultos.

-Ay noooo...famosa no. Eso nunca ha sido mi aspiración. No se pueden ni morir tranquilos. Mueren con tanta gente alrededor.

Y entonces salen esas fotos en el periodico del muerto en la caja. Virgen santísima, por que publican lo que no le pertenece a la prensa. Si la vida que hay ahí en el difunto no se entiende.

Eso no es de foto.

-Un kodak moment? Noooooo.

-Señore, ya no hay respeto.

-Con lo doloroso que es la muerte de un familiar. Pero ahora...ju, todo se puede. Todo se retrata. De todo se hace un video.

Todo esta en el internet. Pero bueeeno...
-Uno se muere pa´ ta tranquilo.
-Te fijaste como hay tanta gente que necesita
atencion. Necesitan hacerse notar.
Tu viste en el teatro...lloraban ma´ que la
familia. Muchos buscando camara.
-Y ese tígere que grito ¨La casa de Cap Cana
e´ mia. Dejamela Gordo¨.
Hay de todo en este macuto.
-Te toy diciendo...esta vida es una escuelita.
Mejor me quedo en mi Ni e´ tranquila quieta.
Ay si. Nosotros aqui en estos nichos.
Viviendo.

Otra conversacion en el Lobby.

Tres sobrinas de la petiseca del 1er piso,
recien llegadas de Erre De.
¨Me da un pique que esa tipa sea tan desubica,
tan pribona. Tu has visto su direccion de email?
Pone *es* al final. Esa aquerosa ni sabe donde
esta España
NMJ

Le regale un ipod rojo a mi mama.
Le llene de ayer y hoy las playlists.
No hay forma de que ella pueda decir
ipod. Dice eeepod. Le tomo dos minutos entrar
en sus adentros cuando le puse los audifonitos
de su eeeepod que ella bautizo como La
Ciguapa. Y canto duriiisimo, fuera de tiempo,
se reia, seguia cantando.

Y yo en el suelo con dolor en las costillas
de reirme tanto. Todavia no sabe que puede
pararse y bailar tambien mientras oye su
eeeepod.
CucoValoyJohnnyVenturaFaustoReyRhinaRam
irezWilfridoVargasSandroLosAngelesNegrosAn
thonyRiosAltemarDutraSoniaSilvestreLos
RosariosElJeffrey...etcetc

Se murio Luis Dias, el musico.
En un festival de Quisqueya en el Hudson lo
vi.
Mi mamá me lo enseño de lejos.
El era como nosotros.Tu sabes. Cojonú.
Enrredao. Boca suelta. Con el corazón y la
cabeza en chercha. yo no me le acerque.
Porque me habian metio miedo del Terror.
Pero cuando el toco...diantre la musica me
llevo pa' to lo sitio. Asi que después de eso, fui
y le compre un libro que el autografio
firmandolo con una guitarra.
Sin bulto, muy quitao de bulla me dijo "tenga
muchachita".
Mi mamá tiene dos long play de el, 4 cassettes
y 5 cidis de musica con el y de el. Date los long
play:
1-El de Convite, que están todos los musicos
como en un campo.
La caratula es como de color de funda.
Y 2-la otra de el Luis con un flat top. Un disco
completo de merengue.

Pero quien vive? Quien muere? si no se come pendejá.

Tia, la olla me toca hoy a mi. Ayer ute le dio la olla de la harina de negrito a Victor. Hoy el conconcito de avena me toca a mi.

Andrea la del 6to piso realizes the truth. Tú has estado conmigo durante la muerte de tanta gente en mi familia. Tú has estado conmigo cuando perdi el trabajo. Tú has estado conmigo cuando los dos accidentes. Tú has estado conmigo cuando se me quemo la casa alla en Villa. Tú has estado conmigo cuando me dieron deposé. Tú has estado conmigo cuando me deportaron la primera vez. Tú has estado conmigo cuando me asaltaron. Tú has estado conmigo cuando me dijeron que tenía cáncer. Coooooño hombre er diantre, tu me has traido demasiado mala suerte. Coge tu rilí, fuku del coño.

-Gorda, gorda, gorda. Tranquila quieta. ¿Que dice ute Dispacher? -el 10-12 espera tiempo tiempo tiempo. Copy copy copy.

-Esta habla en tres. No matter si esta en su trabajo o en el Ni e´.

Ese tipo ta´seco de la envidia.

El tiger pasó toda la tarde en la barberia. Como que yo no sé lo que se mueve ahi.

You know who, está gorda de la envidia.

Allá en Villa Verde. Allá en Villa Verde. Hay un chulito de Guerra. Hay un chulito de Guerra. El que defiende esa Guerra. El que defiende esa Guerra. Con la mirada lo matan. Con la mirada lo matan. Los muchachitos de ahora. Los matatanes de ahora. Se paran en las esquinas. Se paran en las esquinas. A esperar las muchachas. A esperar las muchachas. Que salgan de zona Franca. Que salgan de Zona Franca. La hija de Josefina. La hija de Josefina le pregunto…Are you a dominicanyork?
YEP.

Migration is a hanger. And to stay back home is a hanger too. Life at its best. Hanger. Hanging. And handling.

Ustedes saben por que Elena se tiro a la calle?...
Por qué lo del furgon del barco de Caracas a NY? Por qué lo del judío de una factoria...?
El sobre...? el pañuelo en la cabeza...?

Etc etc???? Porque ella solo podia escribir si le iba BIEN. Ah??!!! Todo er mundaso lo que quiere es ga na do res."Eeeeeeeleeeena eeelena si te va bien ecribe elena". Gracias Juan por recordarme esto. Que Dios te siga bendiciendo. Mucha paz a Guerra.

Speaking on condition of anonymity, source not authorize to share information...

El Ni e'tambien dará un premio anual. El Nielaso del año. Digan sus nominaciones, para cada categoria posible.

-¿Mujer, que novela ves en las noches? ¿novela? No. Por las noches veo pornografia con mi tigere en el internet. A el le kikea eso. Ver la novela de otro. Que pendejo. Pero a mi tres foke. Lo acompaño porque se enciende full. Y a mi me sale de to'.

Este verano voy a poner una discolay en la 173 y Broadway coño. T en la 74 y roosevel. Y frente al Staten Island Mall. Frente al Nuevo Yankee stadium. Y frente al Bronx Zoo. Flatbush Ave. here I go too. Disco lay, mi compai.

Y mira tu, a todos nos da las mismas enfermedades y reaccionamos diferente. Y asi todo. Que chulo. Que chévere. Somos muy especiales. Cada uno. Todos.

Sea lo que sea. Es como es.

Fefa the Big one. Y Rita también.

Empleo que desapacio:
Ya no son necesarios los propagandistas.
Solitos pagamos para cocinarnos el hígado.

Mírale los veneers. Dan miedo esos dientes taaan blancos.

This fucking people in this fucking City with their fucking backpacks are not fucking aware of shit. They are fucking hitting every fucking people they meet. And with their fucking I am sorry they think they are fucking solving their fucking rudeness.

Mira a ese tipo. Como salido de una foto de allá. Fumando un cigarrillito de amapola-Sangre de Cristo. Primera foto, el cigarrilito de amapola en la boca. Segunda foto, el cigarrillito entre el indice y el mayor. Y la ultima, la amapola abierta en su boca. Quizas estoy viendo visions. Caminando en un sueño. ¿O fue que vi esto en un video?

Mom I found your past. Your past, in this huge bag. Oh My! Encontre una funda shopping bag de Alexander´s con otras fundas mas chiquitas adentro. Una funda con muchos sobres manila y blancos. Otros sobres que ya no están blancos. Sobres color cobre sujetados con su goma o unas cintas. Fotos. Fotos. Un truck de fotos. 2 X 2   4 X 6   5 X 7 8 X 10   11 X 14 Polaroids instantaneas (people there faded as fantasmas) B & W   color con bordes como montañitas Fotos de allá. De aqui. Una cucarachita disecada. Petalos de flores resecos. Actas de nacimientos. De muertes. Pasaportes viejos. Color indio. Señas particulares ningunas. Pasaportes rojos. Countries for which this passport is valid .Todo el mundo. Este pasaporte no es válido para viajar a Cuba, China comunista, Rusia y demas paises satelites de la órbita soviética. Cancelado. Cancelado. Cancelado.

Con sus tres moñitos. Sentada en un pupítre que tiene a su derecha a la tierra en globo (solo para la foto). Con lápiz en la mano, como si estuviera escribiendo. Mirando al frente. El uniforme es una yompa y blusita de cuadritos.

Background pintado. Foto B & W. La foto todavia esta en un marco de cartulina blanca. Un paquete sin usas de Letras Set. Fyers de una gira a la Montaña del Oso. En verano en Nueva York, como canto el Gran Combo.

Fotos de cumpleaños. La festejada en el medio y un montón de muchachitos alrededor. Bizcocho en forma de regalo. Bizcocho con una muñeca. La falda de la muñeca es el bizcocho. En la tabla donde esta el bizcocho hay bolitas chiquititas de plata. Grajeas (grito mi mamá desde el baño). Mas fotos de cumpleaños. Los

mismos invitados. Peinados iguales. Vestiditos iguales. En la mesa hay unos tubitos con flequitos en cada borde. Imagino que estaran llenos de dulces. Mas fotos de cumpleños. Ahi esta la afamada mujer flaca de los cumpleaños. Con una bandeja. ¨Quien no baile no le doy bizcocho¨.

Look at yourself Mom. La primera comunion. ´Taba guapa?
Ahí me parezco mucho a usted. Ay Diooooo. Miren a Mamá, que orgullosa el dia de que su hija oficialmente se come el cuerpo de Cristo.

Con botas, mini faldas, camisas de bolas, con un recorte como los Beatles. Esos ojos muy bien delineados. Y una carita de muchachita buena.

Boys Scouts. Y las Guías.

Un grupo de jovenes. Flaquitos todos. Muy
elegantes. Sentados en una mesa laaarga. 5
toronjas llenas de palillos con queso o quizas
salchichón. Todos miran a la camara. Menos el
jabao que miraba a mi Mai. Se la va a comer.
Ofréjjcome.

Mamá con su neceser y el avion de Pan Am en
el background. La doña estaba entera. Que
piernotas en sus medias finas. Y un suit. Como
una viajera tutumpota.

Una enrrama´. Una fiesta. Los mismos jovenes
de la otra foto. El tipo sigue mirando a mi
mama como que si se la quisiera comer con los
ojos.

Fiestas patronales. Fotos de Niní Cáffaro.
Luchy Vicioso. El Negro Plebe. Hilda Saldaña
en un outdoor stage.
Fiesta en el Centro Social Romanense. Fiestas
patronales Santa Rosa de Lima. Fotos de Félix
del Rosario y los Magos del Ritmo. Con unos
outfit de mucho brillo. Hay tres de los musicos
con sus shades on. Grooooovye!

Foto de una muchachita sentada en un murito.
Quien la agarra se esconde detras. Pero se le
ven las manos. Creepy man.

No sabia que mi mamá jugó volley ball. Ahí esta con sus pantaloncitos cortitos. Y gritando algo que parece un San Antonio. Ave Maria Purísima, doña.
Mas fotos de deportes.
Mas fotos de las Fiestas patronales.

¿Así era la Romana? Interesting.
Procesion en Semana Santa. La dolorosa. El Santo Encuentro, el Santo Entierro…
Las caras me dan miedo. Cuanta gente. Con mantillas en la calle. Mira a esa señora la he visto. Sigue igualita. Flaquita.

¿Y quién es este del afro y sus pantalones campanas?
Mi mamá con sus pantalones hiphuggers.
-con su baja y mama
-con su afro
-con su vestido corte princesa
-con un línea A
-bagardina-polyester
-minis-maxi-midi
-con shoulder pads
-con su melena.
-en un Tupperware party.

De cuadritos. De bolitas. De rallitas. Florecitas.

¿Eso es en Brooklyn?
Retratos al lado de un carro decapotao rojo.
Carro ajeno. Obvio.

¿Y esas blanquitas mom. Usted tenía amigas Americanas. Se lo tenia callao?

-Esa gente esta aqui desde hace mucho. Esto es de ellos. Como no iba a conocer un par de ellos. Esas daban clase de inglés en la escuela que yo iba de noche. Eran muy voluntariosas. Parecian del Cuerpo de Paz. Al final se metieron todas con los estudiantes dominicanos. Y las sacaron del programa. También ellas llegaron al tener el Caribe entero entre sus piernas. En la brincolera que se le mete a uno cuando esta joven. Pela y guto con esos magnates. Pela y guto. Zero mata zero. Me parece bien. Pela y guto. Eso e sloq ue hay. Caribe y Pacífico. Atlántico y Mar Muerto. Asi es. Todavia hay una que vive con su tígere cerca de Delancy. Cuando llegaron, las poniamos a decirle cara de peo, mojón, a los directores y a los otros estudiantes. Imagínate eso. Que la profesora te salude con ¿Cómo ista cara di peo?

Fotos en la nieve.
Caminado en Times Square sin Mickey Mouse.
Mas fotos en la nieve. Mucha nieve.
Fotos en el tren. Tren verde obscuro y con graffiti all over.
Mas fotos con carro ajeno.
Fotos en el Happy Hills Casino. En la mesa un bizcocho Valencia.
Fotos en Central Park.

La montaña del Oso.
Las Cataratas del Niagara
Y las manos en las cinturas.
Las manos en la barbilla.
Los lentes de sol.
El cuadre.
En una Vespa.
La cachucha.
El estrallón.
Zapatacones.
Tacos de todos los tamaños

Veo afros.
Rolos.
Jerri curl
Caco rapao
Pelo cortito
Shaggy
A la Farrah Fawcett
A la Betty Misiego
Melena
Rallitos
Tintes de cada color posible

Fotos en paris de apartamentos. Muchos LPs
en el suelo.
Antes de irme a Santo Domingo.
Despues de venir de Santo Domingo.
Baby shower
Despedida de soltera
Cumpleaños
Aniversarios

Un asopao.
Un sancocho.

Matrimonios por negocios
San givin´
Christmas. Muchas fotos de Christmas. El árbol
lleno de regalos y lucesitas que en las fotos se
riegan.

¿Que usted fue a Mexico? You are such a
cajita de sorpresa. Cancún. Puebla. Mexico DF

Fotos de la fiesta de San Givin´en la factoria
Fotos de la fiesta de recaudacion del club
deportivo De alla Aqui.
Fotos del juego de softball del Club deportivo
de alla aqui.

Fotos del Ni e´hace 30 años. Habia un
Woolworth en la essquina.
El ten cent.
Mira el lobby. El hall del 3er piso. Royal Ni e´.
My Goooooooooooodness.

¨Sus manos¨ escritos en tres sobres blancos,
tamaño legal.
¨Sus manos¨ escrito en la letra de Mamá.
¨Cortesía de Maria¨.
¨Cortesía de la Comadre¨.
¨Cortesía de La Buena¨.

My mom pregnant. Que buenamoza! Te puse a valé mami.
El baby shower de mom. Mio.

Yo baby. Yo en el caminador. Yo haciendo solito. Yo comiendo sola. Que no es lo mismo ser una come sola. Me en Halloween. En Eastern. Donde la babysitter. La graduación de kinder. Con mi madrina y mi padrino. Con abuela. Con todos mis dibujos de casas, soles y estrellas. Mi mama graaaande en la página.

Yo volando. Flores. Las caderas de mi mamá como dos arrows. Mas dibujos de flores y soles. Mom mas grande que la casa. Casa que nunca vi ni vivi. Yo con dos colitas que no tenia.

En Great Adventure.

Fotos de mis cumpleaños. Los invitados viven en el Ni e´. Bizcocho como un regalo. Blanco con el lazo rojo. Bizcocho con una muñeca en el medio. El suspiro es rosado. La falda de la muñeca es el bizcocho. Bizcochos y sourvenirs con Raggedy Ann. Mas fotos de cumpleaños. Las mismas poses. Los mismos invitados. Una piñata.
En Disney.
En Coney Island. Orchard Beach.
Central Park.
Ice Skating in la 110.

Aquí estamos todas.
¿Falta alguien?
Creo que Halle.
Todos los appointments son para la 1:00pm.
Que bueno que tenemos estas dos horas para hablar. Mira, pon a ese muchacho a caminar. Ya es grande. Pero manita recuerdate, que yo soy Angelina. Mis muchachos, los issues, mis tuines. Mis tatoo. Mira los lentes. ¿Son igualitos a los de ella, velda? Mira y con mi bocota... igualita, velda? Los pies de los muchachos tienen que guindar. así e. Donde conseguiste esa ropa blanca como la Lopez. Te queda mejor que a ella. Tú eres mas JLo que JLo. Las fotos que me mandaste por email de ti y tu varoncito son igualitas a la que vi en People. Que bien te quedaron mija.
Que suerte que despues de la separacion se casaron tu y tu millonario Francés Salma. Tu hijita tan linda. Prechocha. Me fascina su nombre. Paloma. Paloma prechocha. ¿Salma, cuantos dias fuiste ilegal? Mija, mujeres de tu altura no dicen esas cosas.
El martes en la noche me estaba imaginando a nuestras role models metiendo mano. Porque para tener todos estos muchachos hay que rapar. ¿Si o no?
Si y no. Porque la moda de tuines Vitro no lo necesita.
Solo cuartos y bultos. Mira el caso de Ricky Martin, Elton John.

Cuando yo le dije al flaco como quizas cogia guto la celebrity-you know who...se le bajo el miembro de golpe.

Yo me di un sussssssto. Se puso la ropa y me imagino que se fue a resolver con una de esas no fashionistas ni pregnorexicas como nosotras. Ordinario. No sabe de alfombra roja. Volvio en tres dias, con el truño de su realidad. Mirame ahora tan rubia con tronquitos negros como Madonna.

Oh, llego la Halle. Vino sin la niña.

Es que esta cree que le van a tomar fotos a su muchachita tambien. Es verdad que rallamos. Dejo al joven. Y se esta dando al latin.Que bien!! La Halle nuestra tambien. así se hace. Andan las dos con la sonrisita de bien… amadas. Cueras queridas, así se hace.

¿Tu crees que se nos ha ido lejos el juego? ¿Rallamos?

Ya yo no se quien soy yo. Si la Nicole o la Margarita.

My reality check viene a la 1:00.

Aquí, they do not how to take a joke.

Sin ningun respeto, en cada cita me mandan a que las revistas me paguen por las fotos o que los artistas que me preñaron resuelvan. Oye, que le de el seguro social de Marc o que vaya al Belleveu. Que pesao son esos morenos. No respetan a esta Lola. Ademas esas ñarritas de cuarto que dan, no son de ellos. Aburrio que tan son.

Cuando estamos de buenas, mi mamá me llama pitándo así...Oh well, I can't whistle for my life. Yo creo que así la llamaba el biológico mío.

La abuela de mi mamá, mi bisabuela, pertenecía a la sociedad Benéfica Altruísta. Siempre contigo. En los momentos difíciles, somos tu comunidad. Era un banco pero de gente decente. Si te enfermabas o te morías te ayudaban con los gastos. Un san with high purpose. Highest as it could be.

Mi bisabuela nunca supo que esa era una costumbre que trajeron de África. No creo que le hubiera gustado saberlo. Porque aquí Africa da miedo.

Yo lo leí. Mi Moreno tiene muchísima información sobre esto. Até los cabos. Y si. Si, los esclavos africanos nos trajeron drums y eso. Saving for the needed days.

Increíble. Si, mira en esas sociedades secretas dahomeyanas y yorubas le aseguraban a su gente que les harían un buen velorio. Así lo dice el libro. Y dice porque nosotros bailamos musica alegre con cara seria.

Hablando de libros, ¿Te leisite la autobiografía de Malcom X? Si hay que leer un libro en la vida...ese es.

-¿Donde tú encontraste ese libro?

El Bien aimee mio que tiene un montón de libros buenísimos sobre everything africa. Ese libro me lo dio con mucho empeño para que yo lo leyera. Coño, dejame seguir con lo que dice el libro. Dice que en vida, contribuían para el velorio de su muerte. Esa linea me gusto mucho. Eso mismo es lo que hacían las sociedades benéficas en el pueblo. Todavía existen. Pero with not much cloud, como todo lo chiquito. Como todo lo verdadero. ¿Se sorprenden que yo sepa eso? ¿Que hable así? Yo no solo sé decir mamagüebo. Yo también sé decir mamagüebazo. Con zeta. De mi personaje, ni del credo nunca se sabe ni la mitad. Don´t think you know me.

Cuando llegó, en su último viaje al país, a mi mamá la metieron al famoso cuartico. Le rompieron en la cara sus libros. Ique eran rojos. "Te rompo los libros, te rompo a ti y a todos tus amigos. Y a mi no me pasa nada, hoy ni nunca". Yo creo que a ella la forzarían a hacer algo muy humillante. Porque todavía hoy cuando comienza a hablar de esto se le va la voz. Se pone a llorar. Se molesta. Entre el cuartico en el aereopuerto, su preñadera de mí y mi biológico, en todo menos en bregar con su parte del guto...cero mata cero. Once y me llevo una.
TFE

Cuando mi mamá llegó aquí, a principios de los 70, lo único que quería conocer era Riverdale High. Porque ella sabía la vida y milagro de Archie, Betty, Verónica, Torombolo y demás personajes. Fue. Vió. Tomó fotos.
Pero nadie hablaba español como en los paquitos. El barrio no se parecía. Reality check #1. Cuando mi mamá se crió allá, ella y sus amigos se decían los cuentos debajo de un palo e'lu. Yo, yo me leí los cuentos que quise. Imagino que mis hijos querrán que yo les lea los cuentos como pasa en la televisión.
Todavía mi mamá sigue repitiendo esos cuentos: Ese de una mamá que sembró viva a su hija. De la muchachita salió una mata. La mata cantaba: Hermanita, hermanita, no me jale mi cabellitos que mi madre me ha sembrado por un higo que ha faltado.
I was terrified with that story.
I actually imagined it all. I thought it was true.
Panal, beyond child abuse. Pero no hay matas de higos en Erre De. Eso me tranquilizaba.
Ese crimen también lo trajeron de España. Ahí hay Higos. Pero donde mi mamá es dura, es cuando ella cuenta la historia que todavía yo no he visto en los libros de allá. Ella dice que la calle principal de La Romana se debería llamar Limonal Vargas. Limonal era amigo de

los primos de mi mamá. Él era cojonú. Un joven que quería de verdad a ese país. Quería que cambiaran las cosas de raíz, con verdad y hasta con plomo. Dicen que lo mataron a quema-ropa, estando ya herido en el hospital.

Ella siempre también me habla de Sagrario. Una estudiante que mataron en la capital. Mi mamá le dice hasta su middle name y apellido. Sagrario Ercira Díaz. Le dije a mi mamá que si un día tengo una hija, le pongo de nombre Sagrario Ercira.

Que el miedo que dió la Banda Colorá sigue en el mismo sitio. Y se convierte en cáncer.

Explota en presión alta. No deja que se le pare el miembro a los hombres.

Que algunos iban y venian en el barco La Estrella antes de que hubieran carreteras, carros y güagüas, en la ruta La Romana- Santo Domingo.

Que la primera calle fue la calle de la policia. Hoy Duarte, antes la Jose Trujillo Valdez. La segunda calle fue la del cementerio. Viste, primero la de la policia y luego el cementerio. Que esteriquito.

Que donde esta el parque, ahí estacionaban a los burros.

Que los puertorriqueños cortaron caña para la Puerto Rican Sugar Company aquí.

Que los morenos de las islas trabajaban en las oficinas.

Que desde el solar de la aviación sí salía un avioncito hacia la ciudad primada de América…

Que una mujer se lo quemó cuando supo que su marido estaba con otra.
Que en el Centro Social se bailó con Los Magos del Ritmo.
Que las mujeres regresamos a hablar en jerga.
¿Te peinaste?
Que Eligio Lora nunca olvidaba sus pañuelos.
Que los watusi están en la avenida.
Que en el cine, Lázaro no devolvio los cuartos.
Que los árabes monopolizaron las telas.
Que la única piscina era de los blanquitos que no eran blanco na´.
Chichí la loca no e' loca ná.
Que downtown La Romana es limpio.
Que Trina fue la comadrona de un pueblo entero.
Que La Romana huele todavía a melasa.
Que ese olor tan sabroso se paga caro, con cachíspas que sofocan los pulmones.
Marañao es una mueca.
Que la 44, Ramonita y Cayé viven por los siglos de los siglos en la gloria del 'guto, por organizar el intercambio del placer local.
Que Doña Fila destiló del arroz una receta única. El dulce oficial del pueblo. Que como las orquídeas de Cumayása se extinguió.
Que Melchor, Gaspar, Baltazar, Santi Clo, Diablos cajuelos y la Muerte en yipe son de mentira.
Que se encalló el Miguelito.
Que se hundió el Miguelito con uno de nosotros.

Que la máquina del Central tuvo muchos
accidentes.
Que dejó a muchos muertos, viudas y
huérfanos. ¿Le cumplieran sus derechos?
¡Que caña de azúcar más amarga coño!
Que Rafael Santana, el nuestro, jugó con los
Yankees y los Mets.
Que la unica malapalabra fea, senil y
traicionera de ese país es ahora
"compañetriota". Ay no. No. No.
Por ganar no se debe hacer todo. No. No.
Como por comer tampoco. No.No ta'. No ta'.
No ta'.
Mi mamá dice que ella no puede olvidar todo
eso. Que todo eso es ella.
Si ella escribiera, escribiera tambien desde
Ciguapa y gasolina.

My mother has her own La Romana.
It 's usually visible on Saturdays. She cleans
the apartment. Does compra, laundry y se lava
la cabeza. Su cocina decorada con un
calendario de la iglesia a la que ella no va. El
calendario tiene la virgen de nosotros, pero que
es Española. Beats me. Su set de ollas que
ella ganó en un pellizco, antes de yo nacer y no
usa. Pero se ven bonitas con su historia y sus
flores del sol. Las cortinitas de cuadritos rojo
han visto caer mucha agua y nieve. Todo lo
que hay en esa casa, está ahí desde cuando
ella trabajó por 20 años en la factoría de

muñecas. Ahora como school aide sólo puede pagar renta, comida y uñas. Hoy sábado también hace un sancochito con bollitos de plátanos. Arroz blanco al lado. Y si consigue agüacate, la tripleta man. Ma, Ma aquí en los escalones. Ma, apúnteme.

Mily, Jocelyn y los vecinos. Ventura, Su Combo Show, Los beduinos y Sus Magos del Ritmo, Cuco Valoy, el Conjunto Quisqueya, Henri Fiol, Charanga 76, La Guillot, La Broadway, Lolita, La Lupe, Lupita D'Alessio, La Sophy de Puerto Rico. Tania de Venezuela. La Claudia de Colombia. Vicky Carr. Los Panchos, Ledesma, el Lucho Gatica. Como quisiera decirte, los Ángeles negros. Es que quiero que estés conmigo como en un final de cuentos. Tu ya no me quieres-Caffaro En Ruinas. Then, por supuesto, yo ya no te busco. Expedy Pou lee el diario y la injusticia le inquieta. ¿Te gusta el cine? Zafiro. ¿Y la música? Negra Pola. Ding dong ding dong Favio. Pirela, Chucho Avellanet, Braulio, José José, Anthony Rios, Roberto Carlos, Roberto Yanez, Cariñosa, fuiste tu milagrosa… caaaaariñosa. Miltihno no despiertes al mi amor. Ay rocio de la madrugada.
Invitacion a una fiesta.

Tito Rodríguez. Tito, caribeño tres veces. El mismísimo Tito de mai cubana, pai dominicano, nacido en Puerto Rico. El pari, el carrete, el reventón, la fiesta, será de besos. Uuuuy eso si está bueno, vida mía acepto el invite, no RSVP necessary baby. Mira, Tito Rodriguez me enseño una palabra nima´ liiiinda: sacrosanto. Sagrado y santo. Bueno dos veces. Ayayayyayayayyayayyayayayya. Se pararon las aguas: Y la luna sobre el Jaragua. La Espiga Rafael de ebano Colón. Nicolas Casimiro. Danny Daniel, Juan Bau, Camilo Chesto, Javier Solís. Demis Roussos, you are my only fascination, my sweet inspiration. Sandro, Armando contigo aprendí Manzanero. Sandro, lo juro por esta. Danny Rivera, me viste como mariposa. Y tiene muchos panas allá en Barrio Obrero. Y a lo de Llorens, también los quiero. Por eso tiene la carátula más linda de todos los tiempos: él con su afro y su muchachito adentro del overall. El. Charles ¿quien? Aznavour. Me pondrá un clavel. Y diferente. La gente. Como un cascabel. ¿Quién, dime dulce bien? Le diré querrrrido al igual que a... ¿Quién? Tell them Negra, tell them Toña. Tell them.

They forgot about black angels. They forgot?
That 's a lie, that's a lie, that's a lie. That's a lie.
Mentira. Mentira. Iglesias. Mentiras. A veces.
Mentiras.Tu Julio, a veces. Abrázame pobre
Diablo. El mismo Julio que hizo su agosto con
el Parque del Este. Convite, Convida. Joan
Manuel Serrat, Rodríguez, Nicola y Milanés.
Expresión Joven, Señor Gobierno. Siete Dias
con el Pueblo. Señor va a limpia?
Ponmeloahiquetelovuapalti. Causalmente
Mercedes preguntó por ti, Blanca, Gilberto.
Monroig. ¿Y si las flores podieran hablar? El
pequeño gigante Nelson Ned. De Nuevo Mil
violines. Chucho. La Pandilla, gracias al amor.
Y todo gracias a tu amor. Vuelve. ooooh
vuelve. Marco Antonio Muñíz. Joseito Mateo.
Dias. Liborio no come pendeja.
Y mientras me castigas, te castigas y sueñas
con Eddi Palmieri y como el lunes no se
trabaja, el sonero, nazareno, incomprendido
Maelo. Pacheco, Lavoe, aquí en la grande, la
mas potente del este. Si, porque el sol sale por
el este. Un verano en Nueva York, Nueva York,
Nueva York, Nueva York Nueva York. And in
vocals, Angel   Luis   Canales.
Grabaciones en cassettes del monseñor de la
salsa, de Jesus Sanchez-locolocolocoloco
Radio mil informando y de la gente de la salsa
canta boleros.
El Super Combo Perla. El Rubi Combo.

Los diplomáticos de Haiti, Tabou Combo-la inflación es general y Ska Sha # 1. Los Paymasí. Lo primerísimo de Los hermanos bomba, bomba, bomba, bomba.
No te pierdas, mi mama con: Donna Summer, Barry White, Earth, Wind and Fire, ¨Go hotel, motel whatch you gonna do today-say what?-la joya de Sugar Hill Gang, Stevie Wonder, Michael Jackson, los Bee Gees, K.C. and the Sunshine Band, the Beatles, Abba greatests hits including Little one-hasta que crezca, los Estilistas y un disco de Santa Esmeralda. Un LP en Portugues con los greatest hits de Brasil. Of course, The girl from Ipanema esta ahi. Tambien O Pato en el lado A. A mad surprise. Victor Irrizarri, el de la Soga y la cadena. Que suerte he tenido de nacer la Silvestre, domingo de noche. Arañazo included y Fausto Rey, le amenizan el bailable.

But she always, always starts with Julito Deschamp.
She sings her heart out. "Aaay como duele y molesta una traición aunque sea en la imaginación como duele..."
Those same songs I love but in their merengue, Rap, ripped parrot, reggaeton, salsa or bachata fusilamiento-versions.
¡Redundante!   ¡Mother!

Before, she used to cry. But now she stands -
up, se pone las manos en las cinturas y se
menea como el moreno hermoso de Los
Potros. And ends up saying:
Pal carajo to ' el mundaso. Mierda e', el pasado
no existe ni en el pasado mismo. Hay una
cogioca con esta vaina de los dominicanos
ausentes. Alguien se está quedando con to' los
dulces de la nostalgia. Los presentes ausentes.
Los ausentes más presentes. Nos lo meten frío
con videos de playas y hoteles que no
podíamos visitar cuando vivíamos allá. Y si
vamos ahora, se ríen de nosotros. Nos
engañan en dólares. Nos preguntan mil veces
si estamos quedándonos en ese hotel. Tú
sabes, por prietos y la pinta de dominicanasos
con dólares. Aunque quieran, digan lo que
digan, hagan fotos y anuncios bonitos, esos
resorts ni resuelven ni borran la historia.
En vez de mejorar la cosa, nos ponen a todos
como malas fichas, fichas malas o fichas
malosas, más enfermas, matadas, muertas,
muertecitas. Mongo, frío, sin vaselina en
conciertos del pasado, remesas sí, regreso
no. Nublado aquí. Frío aquí. Nevando aquí.
Playa allá.
Calientisimo allá. Homenaje y encuentro allá
con los cuartos de los de aquí. Sea de allá:
recuerde el pasado.
Viva aquí: envíe los cuartos.

Yo no podria entrar a un resort allá. Los ojos de un muchachito con hambre que uno siempre ve antes de llegar, no dejan que me pare contenta frente al buffet. No me pasa la comida por la garganta. Ese muchachito deberia estar en la escuela. O de vacaciones como esos que están ahí. Subscríbete a los canales de allá por cable aquí. Págale más dólares a los vive bien de allá. Que también se ríen de nosotros. Mira más de lo mismo en la TV. Un truck de blanquitos que yo nunca he visto allá. Rubias y melenas; golpes de barrigas y culos afueras; noticias de extremo y noticias arregladitas; condecoraciones-inauguraciones-tambores-buscones. Chistes. Chistes. Sin traducción a la brega de aqui. Chistes sin visas. Si tranquilidad viene de tranca, migración viene de migraña, coño.
Yo nunca salí ni parte de la corte del reinado del barrio. Ni trabajé en las veladas. Los moños míos ni con peine caliente se le metía el diente para hacerle rizos. Además, esos vestidos eran de mentira, de papel crepe.
Pa' que te lleve a Caleta...
Busca un burro...Pa' que...
Envíos-remesas-mensas.
Los dueños de las remesas nunca han vivido aquí.

Sección 8 que resuelva aquí. De visita a Miami si. Compre su casa allá para que la viva el wachimán. Mensa. Esos salteadores viven bien allá porque vivimos mal aquí. Vote. La primera dama presidenciable? Ahora en la boleta como vice. GQR. Primera ley: para mejorar los valores del pais, todas llevaremos sombreros. Voten. Pa que se jodan con guto. Dos por uno. Casandreable hoy soberaneable, si. La migracion de nosotros le ha dejado más cuartos a los hijos de los que ya tenían. Los que nos botaron sin empujarnos. Vote aquí. Muera aquí y entiérrese aquí. No lleve luto para allá. Funeraria Cien años de Soledad. For sale. Vendo. Funeraria el Estuche. Por motivos de viajes, vendo. "Ya no estás más a mi lado Corazón y sigo bailando"
NMJ

Coge su monederito rojo, se lo pone debajo del sobaco. Baja las escaleras riendose. Repitiéndose lo que siempre se repite: "Te quiero mucho culito, pero besarte no puedo. Con todo tu lino y la muchacha. Darrrrling mejor que te pase a ti y no a mí. Seguro que yes. Cómetelo ripiao, frito y también asao".

Digan lo que digan, en mi casa toman…

Mamá (En drama 101 y panfleto full)

Hela aquí, la 1ra dueña de las tres demasiado P. Prieta, puta y pobre. Letal. Dice mi comadre que el susodicho de la provincia, ahora, después de veinti-pico largos de años, me anda buscando en cada navidad y en algunas Santas Rosas. Y e' fácil. Su matrimonio funcionando sólo por tingos, empujones y meneadera de potecitos. Si antes yo no estaba kosher, ahora no estoy ni kosher ni halal. Esa postalita sale mucho. Sale repetida demasiadas veces. Esa es la burra. Quien no se da cuenta de cómo es la vaina ó le gusta el guapachá; no se quiere mucho, intercambia casa y comida por el alma ó se creyó que en verdad la vida será como en las freaking telenovelas y que al final las cosas cambiarán. Cambian sí, pero en el último capítulo. ¿Y quien te quita todos los chuchasos que te dieron en los mil ciento siete capítulos anteriores? Ajá, ahora me busca cuando sólo puede resolver viagrándose con la pela, corriendo sin escala para un problema de próstata; se le olvidan las cosas, anda abandonao; ahora que sus otros hijos lo curvearon y la oficial y sus otras elegidas, se divierten con él, con otros y dicen por ahí que con otras; viendo a Linda-nananina- sólo en su cabeza. Dígale que no. Usted es una enfermedad contagiosa andante con las mismas mentiras de antes, más los rollos de ahora en yipeta y quisiera chofer y quisiera country club. Dígale tres veces que no. Ese tipo no se hizo hombre nunca. Las decisiones lo rifaron siempre. Nació barrigón, así que aunque lo fajen... Sus cojeras me hicieron caminar. Su no fue mi sí, compai. ¡Abajo el gobierno!.. ¿Como le creia que estaba bautizao, si conmigo estaba pegando cuernos? Cachos a ella conmigo. A mí con las otras. Y e' facil. Ahí no hay nada que buscar. La verdad no se improvisa. Es una costumbre. A hombre cuernero no se le cree ni el nombre. Pero compralo si quieres la postalita; la foto de la familia. Mickey Mouse home. Aguanta mientras viene el cambio. Aunque eso te detutana por dentro que despues toma mucho tiempo sanarte. Mejor que te pase a ti que a mí. Ta' to'. El tiempo pasa. Con los meses se aclaran los dias. Lo peor ya pasó. Mi hija ya es una mujer. Ya por fin caí en tiempo. Estoy haciendo lo que nunca soñé: conociéndome todos los sitios que tengo por dentro y sin el rollo del niño que dizque llevamos en el interior. El mio ahora esta jugando con fósforo. El condenao dandome los calores de la menopausia a 10 por chele. Adulta soy muy querible, adorable, besable, vaya, amable. Es todo muy simple: todo es complicado. Algunas veces, un particular te puede hacer un bien mas rapido que tu familia. Te puedes llevar mejor con gente de otro pais. Que el otro sea negro no quiere decir que te va a llevar bien con el. Ni que la otra sea blanca, que no puede ser amiga de verdad. O que si es pobre…po reso es bueno. Rico-malo. Alegre-cuero. Triste-serio. Y aqui tambien vice-versa. No por ser malo uno es rico. Ni por ser cuero, alegre. Te toy diciendo, simplemente, complicado. Lo que te aseguro es que todo cambia. Uju. Todo cambia. Coño que bueno. Porque tanto guto mata. Y tanta sequia tambien. Estoy dejando el drama; necesitando muy poco para vivir. Contenta, sin ninguna otra razón que no esté aquí cerca. Con la verdad de canchanchana. Con la verdad siempre de tercio. Con una verdad que no jode a la verdad de mi vecina. Viviendo muchas horas muertas resolviendo Sudoku. Rascándome el ombligo cuando me dá my royal desire, como dice mi Quisqueyita amada. Esa si es genio y figura... Esa se vio lo que daba desde el vientre. Se movia fuerte. Desde que nacio, me llevaba mi muchacha para todos los sitios. Antes participabamos de muchas reuniones y actividades aqui en el barrio. Con llevarle sus libros, ella estaba bien. Pero si entro a la reunion…nos la ponia en China preguntando cosas. En una de esas, le puso fin a mi activismo comunal. Primero estabamos hablando de como criar. Le sugerimos a las compañeras que pasaran más tiempo con los hijos. Se ha parao ese piojito de 7 añitos y dijo. Por que ustedes no comienzan con nosotros. Mom, comience conmigo. Yo me quede de una pieza. No hable más. Luego cuando hicieron una colecta para mandarle a los niños pobres de alla. Ella se volvio a parar. Leyo todos los nombres de 9 familias en el edificio que le iban a dar depose´. Que los niños solo comian pan con peanut butter. Y que no tenian abrigo ese invierno. Se me apreto el Corazón como nunca. Sali con mi muchacha abregar mi comunidad en mi nicho y con los que están mas cerca. Y de ahi a arreglar mi lio con mi mamá. Porque tiene logica…que los hijos se retuercen hasta que uno como hijo no plancha el lio con su propia mai.

Mi Quisqueyita Amada. La escuelita mia de por vida. El tiempo y la vida me han enseñado muchísimo. Antes yo sufría hasta oyendo mis canciones de los sábados. Ahora me las gozo todas. ¡Pare de sufrir! (risas). Fuego a la lata. Me pongo a cantar como esta, canto como el otro, pongo un poco de una canción en otra, bailo, hago el coro de la segunda o de la tercera. Me gozo ese rollo sabiendo que se acaba en 3 minutos y que no tiene nada que ver conmigo. Soy la que se degaritó, no voy ni de visita por allá. No tengo nada de lo que quieren.

Tu, ya no me quieres. Yo ya no te busco. 'tamo empate.

DDD

Para caer allá hay que llevar. Cantearse todo el tiempo. ¿Quién se va a alegrar de verme con las manos sólo llena de dedos?

¿Tú sabes lo que en verdad me alegro haber vivido allá? El haber visto a esos hombres negros de la logia, los oddfellows. Enamoradisos y respetuosos; buenos bailadores y también resolvían como tenía que ser en sus casas. En verdad parece que antes queríamos menos cachibaches. Ojalá y mañana quisiéramos menos. Porque por ahora, sólo vales lo que tienes o lo que pareces que tienes.

Caramba, una sola cosa que pudiéramos hacer para echar pa' lante, aquí y allá. Sería el dejar de pedirle tanto a los de allá, a los de aquí, a los del extranjero, al gobierno, a los santos, al mismo Dios. En vez de pedir, hacer lo que tenemos que hacer.

Hacer un gobierno nuevo. De gente que no necesite tanta pompa, tanta etiqueta, sombreros, vinos caros, protocolo, despachos y computadoras. Ejmaj, que los que quieran servirle al país, que mantengan sus traba-jos y hagan la política por ese gran amor dizque que le tienen al país. Hasta que la vaina se mejore. O si de verdad quieren arreglar la educación: que todos los electos del país, incluido el presidente, por ley y macana,

manden a sus hijos a las escuelas publicas.
¿Tu te imaginas como serian los profesores y esas escuelas?
Igual que con la salud...que vayan los electos y sus familias a los hospitales públicos. Por ley.
Que quien no pueda cumplir con esa ley no pueda subirse en la silla, en el banquito ni en la hamaca.
Si el chino del restaurant no come en su propio restaurant... ¿entonces quien?
Hacer eso no cuesta nada. No hay que hacer un préstamo. No hay que hacer ningún bulto.
Solo hay que tener un gran corazón...que diga... un corazón de tamaño saludable. Pero lo que lo mueva sea lo que e'. Para eso no se necesita presupuesto ni impuestos. Ni computadoras. Ni la prensa. Solamente consciencia. Sin la máscara del "conmigo es que se arregla este país. Conmigo esta mejor. Conmigo fue mejor. Conmigo será mejor".
¿No somos dique los durangos?
Los otros y ellos. Ellos y nosotros.
Vamo' a bregá. A bregá de verdad.
Lo dao, lo dao, lo dao. Oh pero bueno, siempre como los gatos. Pidiendo y con los ojos cerrados.
Como dicen los jovenes indignados, lo que necesitamos no es un gobierno mano dura.
Sino un pueblo mano dura con la corrupcion.
Cada uno haciendo en su vida lo mejor dentro de las circunstancias; con uno mismo, con la familia, en el vecindario.

Duro fue cuando aprendí la palabra acribillado. Eso aparece todavía en mis sueños. Los periódicos de la tarde venían con una foto y mucha sangre. Esa era la palabra que usaban. Acribillado. Así supimos lo que le hicieron al periodista. Acribillado. A su hermano. Acribillado. Todavía no hay culpable. Es cierto que me quede en los setenta. ¿Todavia no ven las razones? Ahora. Aquí-acribillado-está y será más duro. Acribillandonos. Nosotros los acribillados por todos los lados. Eso yo no lo olvido. Olvidate de retiro. Digo retiro con pensión… eso no va a pasar. Metieron todos los cuartos de nosotros en esas guerras que se inventan. Estos llevan la guerra a otro lugar. La naturaleza se la trae aquí. Se lo cobra con tornados, huracanes, jóvenes matando a otros jóvenes, inundaciones, terremotos, desempleo, inflación, celebridades en centros de rehabilitación. El stress sube. La bolsa baja. Baja la bolsa. Hasta los tobillos, la bolsa baja. Rasquense las bolas. Occupy Wall Street. Bajo la bolsa. Suben también la cantidad de mall. Aquí limpié muchos baños. Cosí a pisué por muchos años. Sigo limpiando cocinas de escuelas. Así que se las arreglen conmigo cuando yo no pueda valerme por mí misma. A coger lucha en un Home. Pero por lo menos

con agua, luz y una aspirina. También el Ni e'
está super bien para estar aquí hasta que me
saquen con los pies pa'lante.
Total... Tengo hasta mi funeral pago. Me van a
quemar y a tirar las cenizas por ahí sin hacer el
velorio-show.
La que no coge lucha es mi abuela.
Ella está muerta.
La verdad es una gran jodienda. Siempre esta
ahí. Como el silencio. Sin forzar nada. Ni el
tiempo le da arrugas.
No me mamo el deo. Ya no se enseña con
Mota, Pepín, Rosa, Lobo, ni tampoco con el
pueblecito de cabras llamado
Redil del Silabario. Eso me lo dieron en
segundo.
Añorga y su eme siempre antes de pe y be.
Ahora se enseña como se vive.
La tierra Parió. Ahora hay siete continentes. Le
quitaron a Plutón su puesto de planeta. Los
ojos se le abren a uno. Y el corazón se cansa
de tantos toyos.
Lo que tú no quieras que se sepas no lo hagas.
Agradezo todo lo que no se dio. Eso me salvó
de vivir en el show de todo el día, que vive la
mayoría. De día la vida en vilo y la noche la
vida en vela. Si me hubiera quedado mamando
todas esas mentiras, yo fuera la sinvergüenza.
Estuviera ahora to' desinfielá.

Cómplice del toyo nacional, importado, exportado y re-importado. ¿Qué parte de la culpa será lo que las víctimas traen al problema?

DDD

¡Abajo el gobierno! Se sigue alzando el dramón con viva emoción. Lo del susodicho y su dichosa familia es una fotocopia de un truck de gente. Lo de la Quisqueya Amada Taína Anaisa Altagracia Indiga y lo mío, también. No hay pena. Lo que hay es verdad. La gran jodienda. La verdad es la bruja más poderosa. La que ríe desde el comienzo, último y pa' siempre. Todo esto sólo lo hacemos las gentes. Ni lassie, ni princesa ni la cotica ni el misu. Ni más ni menos. Sólo los que estamos vivos; viviendo aquí en este mundo. En este destierro de nuestro tiempo. ¡Ea pues Señora. Abogada nuestra! Esto es lo que hay. Se vende y se compra. Regalao está caro. La verdad es que yo tengo lo que me merezco. No me quejo. Hay que estar muy sano por dentro para bregar con otro. Sola tengo suficiente pela.

DDD

Quisqueyita me dice que tengo miedo a vivir. Que la vida es eso, pasar, dejar pasar y seguir tratando. Ella no entiende que también es cosa del carácter de cada uno. Que estoy pasando, dejando pasar y tratando primero de entender la relación conmigo misma. Que es con quien vivo en verdad. Aunque me tome toda la vida. Nunca en mi vida había estado tan viva como ahora.

¿Tu crees que van a ser diferentes los problemas si no limpio humanamente de verdad, de verdad, de verdad el lodo que tenía en la cabeza, en el corazón, en las gavetas, en las maletas?

Si no lo hago, van a seguir enlodando todo lo que venga.

Verme viva, sana, saboreándolo todo es una gran cosa. Mejor de aquí se daña.

Esos amores míos pudieron dejarme con sífilis, gonorrea, ladillas, herpes, depresión, amargá, presa o muerta. Viví esos riesgos, sin pensarlo.

¿Tú crees que el susodicho solo estaba conmigo? Al contrario...con esos jueguitos, te chapean. Por un gutico no muero yo.

Nota luctuosa ha fallecido, falleció y fallecerá en esa Ciudad, el señor Tal, su esposa, sus otras, sus hijos y demás familiares invitan por ese medio al acto del sepelio que se efectuara en la parroquia tal, del residencial tal, complejo tal, urbanización tal, torre tal.

Con esa no se juega. Aunque tu juegues con tu vida y la de los otros. De la vida sólo salimos muertos. Ningún muerto vive. Ay ombe, pa' mí estabas muerto ya hace mucho tiempo. Coge ahora el requinte León... ¿Tú no querías vida? Coge la eterna.

¡Finiquitiao¡

Kay ´s requinte. Ella-Pueblo(s):

Se va para donde los chinitos, que no son chinos na', a hacerse su French manicure. Cuando regresa, al nicho 5B del panteón Ni e', como ella le dice a su apartamento, se sienta tranquila a hacer la homework de su community college.
Eso es ella, que no cree ni que los gringos fueron a la luna. Ella está muy libre y muy sola. Pero por lo menos no está triste.
pero yo... yo nací para el foqueteo.
Los varones, los varones, los varones.
Desde antes de high school estoy detrás de un varón. Y eso e' pela y pela. Pero yo sigo tratando hasta que me salga bien. Tratando uno se entretiene muchísimo.
Además, para que el mundo sea mundo tiene que haber de todo –sólo-acompañado-mudado-visitante-si te he visto no me acuerdo y si me acuerdo no sé a donde.

Verdad que uno pasa por mucha vaina. E' ma', yo encontré al mundo hecho. Y lo voy a dejar ahí mismo donde lo encontré. Con sus toyos galore, man-woman-children made. Y si se acaba, que se acabe. Y2K. Mayan calendar. 10-10-10, 11-11-11, 12-12-12. Profecias. Calentamiento. Las vainas no son pa' siempre. Hoy nada más quiero amor. Como Mercado y mucho amor. On sale, el vivero mall, Mercado Love. Love love love. Mucho amor. Mucho amor.

Me curé. Ya me curé. Ahora sé que to bake el bizcocho del amor, uno no se puede llevar de nada de lo que dicen las canciones, los libros, las películas. Ni lo que dice tu amiga. Ni lo que dice tu mamá.
El amor no es una cosa del otro mundo. Es de este. No es una gran cosa. Son muchas cositas buenas. Voy a durar con mi varón solo el tiempo que estemos bien. No entro en la competencia de quien aguante mas penas.
Ahí no me apunto.
La felicidad y la tristeza viven juntas y al mismo tiempo. Asi que na'. To'. Uju.
Chulerías todo el tiempo. Sino no. Si no no juego. Me llevo la bola. ¿O el se las lleva? Pero hoy a mí me tiene enchulá quien está aquí conmigo.

Este hombre es fresco. Que bueno. Este
Dominic-haitiano-yorkino me sabe los trucos.
Me acoteja. Me ama con el requinte y la ñapa.
Me arregla very well and often. Changing the oil
frequently and sweetly. Good and true. Fine,
refined and mellow.
Me quiere con lo bueno y lo malo que tengo.
Yo igual a el. No, no, el no es hijo de un
presidente en África. Ni se parece a Denzel. Ni
pelotero. Ni músico. El es mi more. Mi prieto.
Siempre mi negro. Mi negro eterno.

Aqui siempre se oye una sirena.

Madrina:
"Fue en una fiesta aquí. En el Happy Hill
Casino. Yo estaba una muchacha. Me recuerdo
 como ahora el vestido que llevaba. Parecía de
las Supremes. Los cabellos recortados como
los Beatles. Así se usaba.
Él desde lejos me hizo así con el dedo
(moviendo el dedo índice en forma circular. El
dedo apuntando para abajo). Yo bajé la
cabeza. Sin mirarlo le dije que si.
Bailamos y bailamos, hasta el sol de hoy".
Quisqueya Taína, mi'ja, ¿te fijas, que es
posible? Ese muchacho lo único que tiene es
que es negro, pero es muy gente.
Ellos vienen semanalmente aquí a ver
documentales, a buscar libros, a hablar con
nosotros. Mi esposo dice que cuando nazca el
hijo de ellos, él muere.

La Kay:
Lo beso por todos los lados. Eso le gusta
mucho a ese dominicanaso. Caramelo mío. Le
gusta que lo sepa decir que si, cuando quiero;
que le hablo sin bulto ni cartridge raros.
Me besa en todos los lados. Me fascina. Amen¡
ummmmmju. I adore this great kisser. Él da y
recibe lo muy querido como si se tratara de
salió el sol, llueve, neva, es prima noche, hay
luna llena; de lo más natural. De lo más chulo.
Super agradecido y enchulao.
Me pasa la mano despaciiiito por todos los
fields de mis cornrows. Y si tengo los cabellos
out in an afro, también. Amando siempre al
kinky.
That's a first. I should say that again.
That's a first while loving me, Oh, Yeah! Before
I had just homeboys. Hardly laughing. But
who's in the house now?
I have a man in the house. And I am laughing
hard. Hasta que dure así, aquí estamos.
Lo dice el. Y lo digo yo.
Hoy es todo beibi. Mañana, ¿quien nos
quita lo bailao? Ya los muditos tienen mas
palabras. Porque ya tenemos el mismo bajo a
boca. Míralo durmiendo, que lindo. Duerme
como si estuviera bailando. Con las manos en
las nalgas. O las manos por adentro de los
pantaloncillos, calentándose la mano con una
nalga. O me cuida su cosito… durmiendo así

con las dos manos entre las piernas y sus
rodillas dobladas como sentadito.
Míralo qué chulo.
!!!!!MRE!!!!!
Aunque pensándolo bien, con la nueva ley en
Erre De, él no es dominicano. Para los
patriotas y hasta para mi propio cocolo joderse,
él nació en febrero.
Ujú, el día más nacional, el más patria sin el
yugo añugo you know-who.
Por si acaso no te gusta la sopa.
Ahí tienes 7 tazas.
Él sólo nació y vivió allá 27 años, con viva
emoción. Anyway, fuck that, entonces ¿será
sólo mi haitiano-yorkino? En papeles. Le sale
su acta rosada.
No strings, pueblo, batey ni tambores attached.
Él lo dice, que él es su propio país. Porque en
ningún lugar lo respetan; que en ningún lugar lo
quieren. Ves, somos muchos que cargamos
con el Ni e' en la sangre. Yo le digo
que eso no es a él sólo. Eso nos pasa a todos
los pobres y prietos. ¿Dónde nos dejan
tranquilos? ¿Donde? Yo creo que ni en el cielo,
coño. Porque nunca pintaron angelitos negros.
Ni angelitos, ni santas, ni cristos ni dioses
negros. Yo no atrasé la raza.
Yo no tengo muchachos jabaos-blanquesinos-
blanqueando-blanquítos-pálidos. Yo no.
Bueno, Pierre-Lui Alcántara se las trae. Él sabe
su cosa. Batea de siete siete. Bien amado es
really Bien Aimee. Y ama bien.

No se poncha ni en sueños. Manda la venida, el reguero mojao, por ahí pa'rriba. Me entero de su llegada a la gloria por la sonrisota y los muchos besitos chiquiticos, secos y mojaditos que me da.
Su comida aparte en cuestiones de caricias. Besos en los hombros. Besos en los tobillos. Besos detras de las rodillas. Caricias suaves, pero yo sé que es un hombre el que me toca. Ay Dio', ¿cómo te explico? Tú me copias. Tú sabes de eso también.
Nos bañamos juntos varias veces a la semana. ¿Adivina a lo que nos pusimos de por vida? Jugamos a quien se le caiga el jabón primero. Los dos siempre salimos ganando.
Amanecemos todos los días como el 77. Solo nos falta bañarnos en agüa lluvia. Vivo de vacaciones con mi timacle. Chillin' with my babe. Él es mi regalo.
My present. Hasta que dure. My real gift.
PPI
Guess who are his 5 faves...plus 1
1 Quisqueya
2 Amada
3 Taina
4 Anaísa
5 Altagracia
Plus Indiga.

¿Yo? Yo todas las veces.
Yo su chula. Su derriengue. Su consentida. Su chula na' bulé,

Bien Ameé. Mon cherié. Xoxo, Mon Die!

Have you hugged your child today?
Has your child hugged you today?
We are ustoppable. Another world is possible.
We are unstoppable. Another world is possible.

"Cállense, cállense que estoy grabando". Mi mamá salió de muy pocas cosas de su pasado. Todavia cree que para grabar musica uno no puede hablar también.

I have never asked her about my father. She has never mentioned him.
Ella ha sido mai y pai. Nunca metió en el apartamento a ningún mariito para ni imaginarse de que me pudieran hacer el daño. No era que la carne estaba en garabato por falta de gato. No, la morena estaba buena. Trabajó siempre. Nunca oi de un face to face. Nunca comi pagado por welfare.
Siempre ha sido un bacilón estar con ella. Pero ella siempre dice que después que uno tiene hijos, especialmente hembras, ya hay que dejar la pista. Porque los hombres piensan sólo con la chiquita de abajo.

Sé que soy hija de un viaje a La Romana en época de navidad, pagado por el BEOG.

Hija de un hombre de los que llaman a la costumbre y a la responsabilidad sin chulería, al cansancio del amor, ¡que que la esposa no los entiende. De los que dicen que duermen en el sofá; que sólo por los hijos. Otro que no supo que hay cosas mas malas que un divorcio: tener la cabeza lejos del cuerpo; tener el Corazón en un corazón que no está cerca; querer que su cadera esté pegada a la cadera de quien no amanece con él.

Ay Dio y quién lo crió así fue su mamá. Otra mujer. Otra mujer con el Corazón, casi de seguro, hecho llaga por lo mismo.

Óyeme a mí, tirando paqueticos como en las novelas. Hablando de Corazón. La gata. La loba. La perra. La araña. Corazón Gitano. Corazón Esmeralda. Lucia sombra. Corazón salvaje. Buenos días Corazón. Corazón de Intrusa, Corazón de Xica, Clon Corazón, Corazón del Deseo. Corazón Amemao, Corazón de Ayer. Corazón Alelao. Corazón en Babia.

Well, he too, el biológico mío, ese que duerme en el "sofá", preñaría a su doña por email. Email no, telegrama. No había email para nosotros hace 26 años. Tiene hijos de mi misma edad. Anyway, He is not having all the three Cs in one. Cabeza, Corazón, caderas. And you know that when that happens is REAL L O V E.

Pero eso le pasa por sus otras dos jodidas Cs.

Por sus Cojones conformes. That's his fucking problem. I mean fucking. And I mean problem. Dije no a la piratería.
¡De la que nos salvamos!
La de vivir con el rey de la mentira en la casa. El ma' jablador. El jabladoraso.
El mentiroso de primera categoría.
Eso es el verdadero terrorismo.
Los terroristas de verdad son los que hablan mentiras. Anyway, I didn't miss him. I never had him. Imagino que bailaba salsa y tenía los ojos de gato. Como los tengo yo.

Lo que dejas, te espera.
      Ah carajo, nos jodimos. Esto no va a cambiar por ahora.

¡Las fiestas patronales se dieron buenísimas!
    Pero no me quedo, no.

Gladly I know now el trick del asunto...la Erre De de aquel es playa y musica. La del otro es romo y nalgas. La de esta es rio y caña. La de aquella es moteles y frituras. La de el, su mamá. La del otro, su tia que lo crio. El partido. El pueblo. El campo. El batey. La zona colonial. La Marina. La Saona. Un juguito de tamarindo. Una champola de guanabana. Dulce de leche de Higüey. Ese calorcito. Ese solazo. Mi gente. Tu gente. Nuestra gente. Nosotros. Vosotros. Ellos. Hay muchas Republicas Dominicanas. Cada quien la hizo y la hace. YLS.

Like any other place.

¿Cómo es que yo, tan chiquita, quiero tanto a
una cosa tan grande como a un país? Aterrizan
las ruedas del avión y ahí esta la lloradera, sin
yo saber por que.
Aplaudo aunque la blanquita del lado me mire
como si ella me hubiera pagado el pasaje

El turista es tu amigo.
                    ¿Aunque traiga SIDA,

compre muchachitas de 13 años y riñones
robao?   ¡Zápe!

A uno le pasan muchas vainas feas. Y uno (dos
y tres) sigue ahí, sin coger cabeza. Pero si se
me jode el hígado, que Dios me
guarde, yo no boto el resto de mi cuerpo
¿Veldá? E' ma' hasta al hígado jodido le tengo
cariño. Es lo mío.
Aunque tomaría medicina amarga para que se
sane. La mas amarga de todas. Todos los
aceites. Todos los teses. Llantén y anamú.
Noni, alquitira. Melón de greña. Veneno de
escorpión azul cubano. Melaza. Moringa. Y
hasta lo opero si se necesita. Pero no me haría
un trasplante. Ni un clon. No.

Ven acá y quédate allá, ¿se puede salvar una persona al que le saquen los riñones en una casa en Boca chica?
Bueeeeno. Superman e' un equimalito de frambuesa delante del afamado estudiante.
Don't forward that shit again to me. Ni me manden más vainas, more inches, better erections, dick enlargement, surprise, better nights, I do not want to see your picture, replicas de Rolex, la herencia ique de una africana, farmacia de viagra con otras pepas y todas esas cadenas que si no las re-envío me va a pasar algo malo. No me gané ningún premio, ninguna laptop de color.
No me esta buscando ningún amor.
NMJ

¡Que bueno está este país!

Con isla-metro-helipuertos de ñapa en el tanque y en la avenida.
¿Heli que? Motoconchos-carros-patanas y ahora accidentes en los aires. Accidentes por todos los lados.

Cogioca big time. Baniter-Sunland-Marbella-Grupo de Rio-Robo de avion del Grupo CC-Camara de cuentas-compra votos-vende cedulas-agosto de dos islas y muchas mujeres. Y mas mujeres asesinadas. Amenza un Codigo letal. 4%. Y otro mas alto de corrupcion.
Paquetazo.

Los dominican fundas' callao.
O en dragon mode defendiendo lo suyo.
¿Dominican fundas? Sí. Fundamentalistas
dominicanos.

         Isla-metro-helipuertos de ñapa
en el tanque.

         Misery loooooves company.

¡Ofrejjjcome, coño, cuantos hombres casados y
moteles baratos!

         I said misery does love
company.

Y muchos, muchos muchos, demasiado pesos
por un dollar.

Kaaaay.

We talked about misery. Didn't we?
         ¡Fuck that!

Kaaaaaaaaaay!

         La mierda e'gato is very, very
stinky.

Me como, me como, la palomita, la palomita del ñiño. Pero chichí, cuchi, cusi, nusi, nuni, cielo, vida, More, Cucuso, Susú, papá.

¡Quisqueeeeya!

Quisqueya Amada¡

¿Quien. Mi padrino?

"Levente no. Yolayorkdominicanyork".
Ficción. No ficción.
Lo cotidiano en lupa. Y una sola mujer
se desdobla en muchas. Y un sólo hombre
también.
Ellos en su viaje a Itaca.
La hazaña no es obvia. No podía ser.
Porque ellos son, van y están, aquí y allá.
Se cambian de nombres y apartamentos.
De ropas y peinados. De edades y
medicamentos.
De amantes y rutinas. De ciudadanías y metas.
De sabores. De amores.
De géneros y colores.
De dolores.
En la vida, por la vida, de por vida.
Juegan un juego pesadísimo.
Lleno de contradicciones.
Ella(s) dice(n) en lo escrito lo que a él (ellos)
usualmente se le(s) oye decir. Él la ha creado.
Ella lo ha criado. Ella lo recrea.
¿El huevo o la gallina?
Gallina guisada con muchos comentarios no
necesarios; huevos fritos de personajes que
solo se asoman a buscar sus platos. Y se van
de la escena sin esperar ser definidos en su
totalidad. Sin moñas.
Personajes cercanos, metidos y salidos del
hoy. Lo hiper-cotidiano se extiende. Se
magnifica. Se repite.
No se le quita la mirada. Detenidamente, se
contemplan.

En el mejor de los casos hasta se entienden sus razones.
Se ven los resultados internos y externos.
Acercándonos más y más, seguimos, con consciencia de los hechos. Así encuadramos lo particular, que es mundial, nacional, local desde las más variadas instancias.
Glocal hasta el botón y el hojal.
Esta óptica es así de limitada, así de propia.
Los espacios demarcan y enmarcan lo concreto.
Lo más concreto. Lo manoseado. Lo más manoseado.
Se extienden las partículas y las ondas de la llamada nostalgia, de lo que fue, de lo que se quiso que fuera y de lo que en verdad es. Estas saltan a otro espacio más cercano al hoy. Sin matar ni maquillar a lo vivido ni a sus posibilidades.
Las imágenes del yo, del ideal, de la mirada del otro, de la posibilidad, de la "realidad" y de las miles lecturas que teje la vida en nuestras vidas, deliran, abruman, avasallan. Esto es solo el paso a ser y hacer sentido en el micro-cosmos y su periferia.
Ficción.
Los informantes-mujeres, hombres y niños, me han dado sus historias, durante toda vida, a sabiendas de que los espejos están también en el baño.
O precisamente en el baño. Y nosotros ahí, descomiendo o en la ducha.

Me dieron sus vidas y mis cinco sentidos han sido usados-re-usados y reciclados. Todo ha sido recibido en la invisibilidad. La invisibilidad que dan mis señas particulares y otras informaciones que pueblan solicitudes. Esta condición ha sido la base para que el alerta crezca, los detalles se conserven y aquí se pueda compartir un segmento de la gran gama. Los informantes y la informada, complementos uno del otro. Si es que hay o se necesita alguna división, en esta aritmética básica con cara y posibilidad de cálculo avanzado y econometría aplicada a la vida. El ser en su dualidad. Juega. Así ha sido, es y será, por física básica. Dieron y di. Recibí y recibieron. Dieron y recibí. Di y recibieron. Vice-versa. Siempre viceversa. También sigue así, aquí en el presente. Y seguirá siendo así, en cualquier espacio habitado. Cierto, ningunas de las partes afectadas/beneficiadas especificó qué hacer con estas historias. Sigue el juego de dualidad. Pero igual, no hay posible litigación en contra de paredes que oyen, cotica que habla u otro escritor más sin agente literario. Todo lo que está aquí, ha sido dicho ya por diferentes bocas.

Ha sido escuchado. Visto. Visto muchas veces. Visto muchísimas veces por muchos de nosotros. Toda esta ¨verdad¨ está llena de la patraña. Lo "bueno" está compuesto de lo retorcido; y lo más conocido está llenísimo de lo más ajeno. Viceversa. Viceversa. Viceversa. Siempre vice-versa. Estas historias no son exclusivas de ellos/nosotros/yo, por nacionalidad. Hay muchos otros, que desde la misma clase social, géneros y condición migratoria o simplemente por este momento de ejercicio humano, hacen coro, con otros acentos, a las mismas vicisitudes y decisiones aquí plasmadas. Los personajes, sin lealtad a nada ni a nadie, zurcen, tejen y bordan todos sus días. Acércate al punto de cruz. Desde toda la risa, sorpresa ó vergüenza llegarás a una sola crucecita, origen y elemento constante en el bordado gigante: El Ser, el uno. La unidad. El ser y su extraordinaria canción cotidiana, bailada a diferentes tempos, vitales en la sinfonía de vida. Sobreviviendo. Viviendo. Viendo. Visto. ¿Viste? Dios. La libertad y su patria. Su patria con patio particular. Si llueve se moja como los demás. El ser. El ser y su baile de vida. Con guías y posibilidades que se personalizan como el altar más intimo; al igual que la patria-país-pueblo-edificio-apartamento.

Los más jóvenes ni de juego se acercan a lo que los mayores llaman respeto.

Los mas jóvenes solo hacen la traducción a este tiempo y lugar, de lo mismo que hicieron los adultos cuando jóvenes.

Todos nadan en posibilidades de vida extrema. Nadan (de picada, mariposa, flotan…) en ese todo o nada, que han decidido airear en este contexto.

Podría ser interesante imaginarse las segundas y terceras partes que podrían seguir a esta entrega. Cuando la soledad regrese a la compañía, llegue a su muerte o cuando la compañía llegue a la soledad. Así continuar en el bucle de vida-muerte.

Quedamos siempre en lo incompleto. Eso es lo constante. Así seguir.

Sólo de algunos de estos personajes, sabemos cómo piensan o qué dicen sus interlocutores, vecinos, adorados tormentos y otros fantasmas de todos los tiempos. No hay aquí balance ni inclusión del todo. Pues además de ser imposible no era la intención.

El lenguaje está impregnado por sus tiempos. El verbo dar aparece en muchísimas de sus acepciones. Hay tantas preguntas como diálogos inconclusos. Como la vida.

Todo tan inmediato como mensaje en celular. Todo tan fugaz y altisonante como guagua anunciadora. Con los que estamos aquí presente, solo se presenta un ápice de lo que somos. Cada uno Es.

Todo lo que Es, Somos. Ese todo, todavía es fracción de lo posible. Y las miles referencias, boleando ping-pong, saltan entre tiempos, lugares, personas y personajes. Cualquier semejanza a alguien, es y no es pura coincidencia.
La casa es el Ni E'.
La patria también.
Ficción.
Por razones de localizar a la historia en un solo lugar, el susodicho y la fulana son de La Romana; por mi cercanía a ese entorno. Por saber que los otros pueblos tienen estructuras sociales similares, incluido el parque Duarte, las iglesias, las bancas, el mercado y su zona de moteles. Hago aquí constancia de que el susodicho y la fulana, vivieron su vida y milagro realmente en otra provincia en el norte de la Republica Dominicana-sur de la Florida. Y un eco, otra pareja de susodicho y fulana, lo vivieron en Santo Domingo. Con fotocopias en cada región, provincia, paraje, pueblo multiplicado por lo´paise.
Cero mata cero.
Las informantes principales así me lo han pedido, para que si ellos llegaran a leer estas líneas, sepan que fueron los detectives de sus vidas. Pero que también en sus historias murieron antes del efe i ene.

Los encuentros, cuentos, anécdotas e historias aquí presentes están provistas del hoy, ahora y aquí.
Se abrió esta brecha y aparecen personajes y posibles personas. Todos, con la herencia de la corriente migratoria a la que pertenecen, negando con hechos, cualquier etiqueta flotando para una definición.
A la misma vez, tomando las etiquetas impuestas o creadas y haciendo con ellas espacios transitorios-fronteras-vida-Ni E'.
Aquí. Sin importar exceso, redundancia, simplismo, populismo, otros miles ismos y caminos de la no-literatura aplicables.
Si. Personajes en demasía.
Así están. Como estamos. En demasía y vitales.
En demasía y todos siendo el cada uno-particular-centro-eje de cada historia. Esta historia es la historia de los que estamos siempre fuera de La Historia.
Es un hecho.
Hecho que agradezco. Hecho, no derecho.
Ni izquierdo. Ni centro.
Así urge solo a nosotros decir nuestros ángulos de la historia.
Lo que ves no es sólo lo que existe.
Lo que no existe se puede imaginar.
Lo que no ves o no está, otro lo dirá.

En estos tiempos de SIDA, internet, cybersex, famosos, celulares, cirugías plásticas, algunos casos de colerín, más casos de dengue, malaria, la tierra se sacude, se inunda, se quema, amor-siempre-amor, "terrorismo", las torres gemelas desaparecen, tsunamis, terremotos y más guerras. Se busca petróleo. Se matan los dueños. Indignados. El mundo se acaba. Y despues de acabarse sigue.
Entonces...
¿Qué tipo de arte podrán parir estos tiempos, que no sea el cielo o el infierno, respondiendo a los miles estimulos recibidos?
Panfletear en uno, en otro y en sus posibles espacios de transiciones.
Ver con cercana agudeza, hace posible y pasable el grajo mío, tuyo, de nosotros y de ellos. Como grajo al fin, puede molestar. Pero el grajo, mi grajo, aunque grajo, es mío.
Las carcajadas de sus/mis risas no los/me sorprenden.
Porque también el reírse de ellos/nosotros mismos ha sido cocido con esmero, a mano y con la Mero.
Es que la posibilidad de destornillarse de la risa sigue siendo la más barata y efectiva forma para sin escala vernos en el espejo y comenzar la dosis necesaria de autocrítica, aceptación y renovación para seguir.
Bailamos las mismas canciones.
Bailamos de la misma forma.
Nos divertimos con lo mismo.

Nos quilla de manera similar, lo mismo.
Yo, tu, el, ella, nosotros.
Ningún vosotros.
Ustedes. Ellos.
Somos todos muy similares. Complementarios
unos de otros.
Personas y personajes. Apartes y entre sí.
Salen los secretos. Si es que no se hicieron
con la intención de que se supieran.
Salen los secretos hechos y dichos a voces.
Muchos dichos. Muchas voces. Demasiadas
voces. Voces en exceso.
No ficción.
Las voces crudas. Rotas. Vivas. Despojan a lo
escrito de cualquier género. Rompen cualquier
ritmo comenzado. Ninguna métrica antes
fabricada es posible seguir.
Estas voces proveen de selección
múltiple y re-creación constante a la
recordación.
Tendremos a nuestras favoritas y no muy
favoritas; a las que no creemos reales; a las
que hemos visto; a las que quisiéramos
cambiar, a las que quisiéramos callar.
En fin, como siempre, la lectura es desde
nosotros y toda nuestra historia personal.
Las voces sacuden todo lo que se hubiera
querido ser. Dejan partes de lo que es o de lo
que no está al descubierto.
Porque la intimidad en sí es muy personal.

Lo que vemos- oímos-leemos-escribimos,
podrá pasar por variados análisis, pero siempre
su realidad es más compleja. Y sus razones,
posiblemente, muy simples.
Los personajes, de diferentes generaciones,
con gran individualismo aparente, en medio del
colectivo, pasean así sus fáciles filosofías de
vida. Sin pulirlas. Sin exagerarlas. Pues no hay
ninguna obra de arte que pueda en verdad
enfrentársele a la vida.
Siempre podríamos solo comentar.
Si el comentario está lleno de drama, la vida,
afuera de la página y escenario, transcurriría
en base a lo vital, fluyendo con gran ligereza.
Esta danza de vida definitivamente no es en su
mayor parte de gran ligereza.
Esta descripción de realidad no es más que un
segmento. Del flujo sin límite, de posibles
interpretaciones, de cómo se paran frente a la
vida estos personajes/personas en el ejercicio
de su dominicanía.
De nuevo, formulamos este descifrar, siempre
desde nuestra particularidad.
Nosotros y ellos. Ustedes. Todos.
Si las voces transgreden solo es posible si se
ha transgredido por acción, interés, omisión o
complicidad, en lo similar.
Su final termina en lo mismo de siempre.
El mismo final para cada uno.
El mismo final para todos.
Querramos o no. Así salimos de la vida.
Ficción. No ficción.

Es este panfleto.
Esta propaganda.
Queramos, Levente. No.
Yolayorkdominicanyork.
O no.
Ellos. Yo. Tu. Nosotros.
O alguien a quien conocemos.

Josefina Báez
New York
2011

Josefina Baez (La Romana, Republica Dominicana/ New York). Escritora, actriz, devota. Alquimista de la Autologia del Performance (proceso/entrenamiento creativo). Artesana del Ay Ombe Theatre (desde abril 1986).

En este texto cambiamos, frecuentemente, la s por la z: usamos el punto despues de las comillas; usamos de forma excesiva los pronombres y las conjuciones copulativas. Uso de puntuación solo para ritmo-no siguiendo las reglas. Muchas palabras no tienen tilde.
Y no hay numeros en las paginas.

63702893R00166

Made in the USA
Middletown, DE
03 February 2018